Neues Brevier des Rechnungswesens

Haupt

Lukas Rieder Hans Siegwart

# Neues Brevier des Rechnungswesens

5., überarbeitete Auflage

Haupt Verlag
Bern Stuttgart Wien

1. Auflage: 1993
2. Auflage: 1994
3. Auflage: 1997
4. Auflage: 2001
5. Auflage: 2005

*Bibliografische Information der Deutschen Bibliothek*
Die Deutsche Bibliothek verzeichnet diese Publikation in der Deutschen Nationalbibliografie; detaillierte bibliografische Angaben sind im Internet über http://dnb.ddb.de abrufbar.

ISBN 3-258-06377-X


Gestaltung und Satz: Atelier Mühlberg, Basel

Printed in
www.haupt.ch

# Vorwort

Dieses Buch richtet sich an zwei verschiedene Benutzergruppen:

- *Führungskräfte* aus verschiedensten Funktionsbereichen, die in die Verantwortung für Zahlen und Resultate hineinwachsen und sich dazu das fachliche Rüstzeug holen möchten und
- *Studentinnen und Studenten*, die sich das Grundverständnis für die Gestaltung und Nutzung eines ganzheitlichen und führungsorientierten Rechnungswesens aneignen möchten.

Es baut auf der Tradition des bestens bekannten *Brevier des Rechnungswesens* der Herren Professoren H. Ulrich, W. Hill und B. Kunz auf und ersetzt dieses. Aufbau und Gestaltung wurden soweit geändert, dass die neueren Erkenntnisse aus der Forschung und die neuen Anforderungen aus der Praxis berücksichtigt werden konnten. Grosses Gewicht haben wir auf die Darstellung der Datenherkunft für den Aufbau und für die Bedienung der Rechnungswesensysteme gelegt. Dahinter steht die Überlegung, dass Auswertungen nie besser sein können als die Datenbasis aus der sie erstellt werden. Zudem erfordern der Einsatz und die Evaluation von Computerprogrammen zunehmend mehr Verständnis für die Abläufe im Rechnungswesen.

Wichtige Definitionen und Formulierungen von besonderer Bedeutung sind jeweils durch eine graue Unterlegung hervorgehoben.

Zusatzinformationen und teilweise auch Querverweise finden sich in den helleren Kästchen.

Zur Verdeutlichung der Zusammenhänge wurde für die zahlenmässigen Darstellungen ein durchgehendes Beispiel – es handelt sich um ein Unternehmen, das Ringbücher herstellt und vertreibt – gewählt. Die Zahlen in den einzelnen Abbildungen sind dementsprechend auch in anderen Darstellungen wiederzufinden.

An der Entstehung dieses Buches haben, wenn auch unbewusst, viele Praktiker und Studenten(innen) mitgewirkt. Sie haben uns nämlich die Möglichkeit gegeben, die einzelnen Teile im Lehr- und Lerneinsatz immer wieder zu testen und zu verbessern. Frau J. Bosshard, Frau H. Mäder und Herr D. Hofmann schliesslich gilt unser besonderer Dank für die unermüdliche schriftliche Umsetzarbeit bis zur vorliegenden Form.

Es ist unser Wunsch und unsere Hoffnung, dass dieses Buch seinen Benutzern die benötigten Rechnungswesengrundlagen gebe und in der praktischen Anwendung viel Nutzen stifte.

St. Gallen, im Sommer 1992
Lukas Rieder
Hans Siegwart

## Zur dritten Auflage

Das neue Brevier des Rechnungswesens hat sich zu unserer grossen Freude einen guten Platz unter den einführenden Lehrbüchern erarbeitet. In der nun vorliegenden dritten Auflage haben wir deshalb das Konzept belassen. Die wesentlichen Änderungen betreffen die Aufnahme neuer Begriffe, Verbesserung von Formulierungen und Abbildungen, sowie die Berücksichtigung der Neuerungen, die sich durch die Einführung der Mehrwertsteuer in der Schweiz ergeben haben.

St. Gallen, im Sommer 1996
Lukas Rieder, Hans Siegwart

## Zur vierten Auflage

Die überarbeitete und verbesserte vierte Auflage setzt das erfolgreiche Konzept des neuen Breviers des Rechnungswesens fort. Berücksichtigt wurden vor allem die heute international festgelegten Definitionen, wie sie in der Zwischenzeit durch die Veröffentlichung des Controller-Wörterbuchs der *IGC International Group of Controlling* bestimmt wurden.

St. Gallen, im Sommer 2001
Lukas Rieder, Hans Siegwart

## Zur fünften Auflage

Der Erfolg dieses Lehrbuchs überdauert den Tod seines Mentors, Prof. Dr. Hans Siegwart. Sowohl in der praktischen Anwendung als auch im Lehrbetrieb erweisen sich die Inhalte regelmässig als führungsrelevant und praktisch umsetzbar. Dies ist mir trotz des Verlustes meines geschätzten Co-Autors genug Antrieb, die Inhalte ein weiteres Mal zu aktualisieren und zu verbessern.

St. Gallen, im Sommer 2005
Lukas Rieder

# Inhaltsübersicht

# Inhaltsverzeichnis

# Abbildungsverzeichnis

## Abkürzungsverzeichnis

| | |
|---|---|
| AHV | Alters- und Hinterbliebenenversicherung |
| ALV | Arbeitslosenversicherung |
| BDE | Betriebsdatenerfassung |
| BGE | Bezugsgrösseneinheit |
| BRW | Betriebliches Rechnungswesen |
| DB I | Deckungsbeitrag I |
| EBIT | Earnings Before Interest and Taxes |
| EBT | Earnings Before Taxes |
| EDV | Elektronische Datenverarbeitung |
| FIBU | Finanzbuchhaltung |
| GuV | Gewinn- und Verlustrechnung |
| HK | Herstellkosten |
| IBL | Innerbetriebliche Leistungen |
| KER | Kurzfristige Erfolgsrechnung |
| MA | Mitarbeiter |
| MaW | Mit anderen Worten |
| MER | Management-Erfolgsrechnung |
| MWST | Mehrwertsteuer |
| PPS | Produktionsplanungs- und -steuerungssystem |
| PS | Partizipationsschein |
| ROE | Return on Equity: Eigenkapitalrentabilität |
| ROI | Return on Investment |
| ROS | Return on Sales: Umsatzrentabilität |
| SEK | Sondereinzelkosten |
| SIV | Soll-Ist-Vergleich |
| VER | Verkaufs-Erfolgsrechnung |

# Das Rechnungswesen im Gesamtüberblick

# Rechnungswesen und Unternehmen

Der Zweck von Unternehmen besteht darin, Nachfrager gegen Entgelt mit der Bedürfnisbefriedigung dienenden Gütern oder Dienstleistungen zu versorgen. Nachfrager können direkte Verbraucher, weiterverarbeitende Industriebetriebe oder Vermittler von Gütern (Handelsbetriebe) oder von Dienstleistungen (Dienstleistungsunternehmen) sein. Im folgenden wenden wir uns schwergewichtig den gütererzeugenden industriellen Unternehmen zu, weisen aber in Einzelfällen auch auf die Besonderheiten der Dienstleistungsbetriebe hin.

Um seine Zwecke zu erreichen, entfaltet das Unternehmen die verschiedensten wirtschaftlichen Aktivitäten:

- Es investiert, das heisst es kauft Grundstücke, baut Betriebs- und Verwaltungsgebäude, beschafft Maschinen und Einrichtungen.
- Es finanziert sich, das heisst es finanziert sich selbst (aus eigener Leistung) und/oder besorgt sich Kapital von aussen. Die Aussenfinanzierung kann zum Beispiel durch Kreditaufnahme (Banken), durch Aufnahme von Anleihen am Kapitalmarkt oder durch die Beanspruchung des Zahlungsziels bei Lieferanten (Kreditoren) erfolgen (Fremdfinanzierung). Aber auch der oder die Eigentümer des Unternehmen bringen Kapital ein, nämlich einen Teil des Eigenkapitals (Beteiligungsfinanzierung).

Verfügt das Unternehmen über geeignete Sachmittel und ausreichende finanzielle Mittel, können die Sachmittel zur Leistungserstellung und -verwertung eingesetzt werden. Zur Durchführung der operativen Prozesse werden Materialien, Energie und sonstige Hilfsgüter und Dienstleistungen beschafft; Mitarbeiter zusammen mit den notwendigen Sachmitteln erzeugen Güter und Dienstleistungen, die im Markt verkauft werden. Das Unternehmen zahlt Löhne und Gehälter für die Leistungen der Mitarbeiter sowie Rechnungen für Materialien oder andere Drittleistungen (Ausgaben). Anderseits erzielt es durch Absatz seiner Leistungen entsprechende Einnahmen.

Der Zusammenhang zwischen Güterprozess (realer Güterfluss) und Geldfluss (nomineller Wertfluss) lässt sich mit Abbildung 1 darstellen:

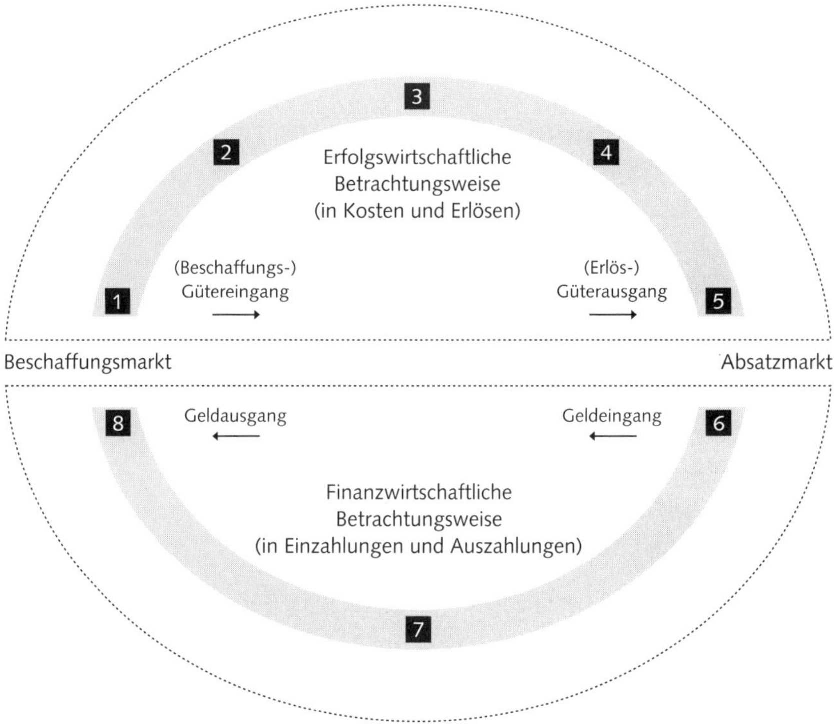


1 Beschaffungsphase
2 Einsatzlagerung
3 Produktionsphase
4 Absatzlagerung
5 Absatzphase
6 Phase der Geldbeschaffung
7 Phase der Geldhaltung

Abb. 1 *Der betriebliche Umsatzprozess*

Charakteristisch für den Güterprozess sind die Bearbeitungszeiten (Transport-, Rüst- und Bearbeitungszeiten) und die Verweilzeiten (Lagerungen). Aus finanzieller Sicht bedeutsam ist die Bindung finanzieller Mittel. Je länger die Zeitspanne und je höher die Lagervorräte sind, um so mehr Vermögen ist gebunden. Die finanzielle Situation kann sich zusätzlich verschlechtern, wenn Kunden Rechnungen nicht fristgerecht begleichen.

Anderseits sieht sich das Unternehmen selber vor die Verpflichtung gestellt, die Löhne und Gehälter der Mitarbeiter und die Rechnungen für Materiallieferungen und andere Dienstleistungen bei Fälligkeit zu bezahlen. Aus dem Verkauf von Gütern und Dienstleistungen müssen deshalb kontinuierlich mindestens so viele finanzielle Mittel hereinfliessen, dass das Unternehmen seinerseits in der Lage ist, seinen finanziellen Verpflichtungen fristgerecht nachzukommen. Mit anderen Worten: Mittelabfluss und Mittelzufluss haben sich in einem Gleichgewicht zu befinden

Güterentwicklung, Gütererzeugung und Güterverwertung sind indessen dynamische Prozesse, die sich nicht in einem exakt planbaren Zeitablauf vollziehen. Unerwartete Reaktionen von Mitarbeitern, Verzögerungen bei der Materialbereitstellung, Schwierigkeiten in der Leistungserstellung, Umsatzrückgang usw. können Güter- und Wertfluss erheblich stören.

Um der Gefahr von Liquiditätsschwierigkeiten begegnen zu können, braucht ein Unternehmen einen bestimmten Bestand an liquiden Mitteln. Bildlich gesprochen könnte man von einem «Expansionsgefäss liquider Mittel» sprechen.

Aus dem Gesagten ergibt sich, dass die Unternehmensführung, die für die Erhaltung und Weiterentwicklung des Unternehmens verantwortlich ist, zur erfolgreichen Wahrnehmung dieser Aufgabe laufend Informationen darüber benötigt, ob den finanziellen Verpflichtungen nachgekommen werden kann oder nicht. Diese Informationen erlauben ihr, jene Entscheidungen zu treffen und jene Massnahmen einzuleiten, die geeignet sind, das finanzielle Gleichgewicht des Unternehmens zu erhalten. Die Bereitstellung dieser – und wie wir noch sehen werden – weiterer Informationen ist Aufgabe des Rechnungswesens.

## Finanzielles und betriebliches Rechnungswesen

Die vom Gesetzgeber erlassenen Bestimmungen über die Buchführung sind Minimalforderungen, deren Erfüllung allein für eine erfolgreiche Unternehmensführung nicht genügen. Deshalb haben Theorie und Praxis im Laufe von Jahrzehnten ein Rechnungswesen entwickelt, das in erster Linie der erfolgreichen wirtschaftlichen Steuerung des Unternehmens in seiner Gesamtheit und seiner einzelnen Teile in eine gewollte Richtung dienen soll.

Die ganzheitliche Betrachtung des Unternehmens einerseits und die Notwendigkeit der Lenkung der innerbetrieblichen Vorgänge in ihren einzelnen Teilen anderseits führen zur Unterscheidung zwischen dem

- finanziellen Rechnungswesen
  und dem
- betrieblichen Rechnungswesen.

Das finanzielle Rechnungswesen dient der Erfassung und Darstellung aller geldlich relevanten Beziehungen zwischen dem Unternehmen und seiner Umwelt. Es soll ständig die Finanzbewegungen aufzeigen und insbesondere in der Lage sein, für einen Zeitabschnitt rückschauend

- Vermögen und Schulden
- Liquidität
- Rentabilität
- Eigentumsverhältnisse

des Gesamtunternehmens darzustellen. Daraus ergibt sich, wer hauptsächlich an Informationen aus dem finanziellen Rechnungswesen interessiert ist:

- die Unternehmensleitung:
  zur finanzwirtschaftlichen Steuerung des Unternehmens,
- die Eigenkapitalgeber:
  zur Information über die Rentabilität ihrer Geldanlage,

- die Fremdkapitalgeber:
  zur Information über Sicherheit und Verzinsung der Kredite,
- der Staat:
  zur Bemessung der Steuern und zur Prüfung, ob rechtliche Vorschriften eingehalten wurden.

Das betriebliche Rechnungswesen greift in die einzelnen Systemteile des Unternehmens ein. Es dient der Planung, Aufzeichnung und Kontrolle aller wirtschaftlichen Daten, die mit dem Ablauf leistungsbezogener Prozesse zusammenhängen. Damit fällt dem betrieblichen Rechnungswesen «die Aufgabe zu, quasi in einer mikroökonomischen Analyse Aussagen über den Ablauf des einzelwirtschaftlichen Gesamtsystems zu erlangen und zu dem Zweck eines ‹punktuellen› Entscheidungsprozesses abzubilden» (Huch 1975, S. 65).

Das betriebliche Rechnungswesen ist gesetzlich nicht vorgeschrieben; die Anwendung ist freiwillig. Form und Ausgestaltung sind immer unternehmensindividuell. Für die eigentliche Planung und Steuerung der Prozesse der Leistungserstellung und Leistungsverwertung ist das betriebliche Rechnungswesen aber ein ganz zentrales und unverzichtbares Arbeitsinstrument. In ihrer praktischen Anwendung sind die beiden Rechnungswesen stark miteinander verwoben und verwenden teilweise die gleichen Daten.

# Teil I
# Die Grundlagen des finanziellen Rechnungswesens

# 1 Buchführungstechnik

## 1.1 Die Finanzbuchhaltung

Aufgabe der Finanzbuchhaltung ist es, die einzelnen Geschäftsfälle zwischen einem Unternehmen und seiner Umwelt wertmässig abzubilden, zu dokumentieren und für verschiedenste Auswertungen bereitzustellen.

Geschäftsfälle finden ihren Niederschlag in *Belegen*. Solche Belege sind unerlässliche Bestandteile der Finanzbuchhaltung. Ohne Beleg dürfen keine Buchungen erfasst und verarbeitet werden, da sonst die Herkunft der Zahlen nicht nachvollziehbar ist und damit auch die Prüfung der Buchhaltung auf Vollständigkeit und Richtigkeit nicht möglich ist.

Verschiedene Dokumente haben Belegcharakter (zum Beispiel Rechnungen an Kunden, Rechnungen von Lieferanten, Bank- oder Postchecküberweisungen, Spesenbelege etc.). In kleinen Unternehmen werden Belege direkt in der Finanzbuchhaltung verbucht. Liefert das Unternehmen aber an eine grössere Zahl von Kunden (ca. ab 50) und/oder bezieht es Leistungen von verschiedensten Lieferanten, empfiehlt es sich aus organisatorischen und Verantwortlichkeitsgründen, die Belegverarbeitung in vorgelagerte Hilfssysteme auszulagern und diese dann als eigene Buchungssysteme zu betreiben.

Als solche vorgelagerten Buchungssysteme kommen in Frage:

| Belegart (Beispiel) | Buchungssystem |
|---|---|
| Lieferantenrechnung<br>Zahlungsausgang an Lieferanten | Kreditorenbuchhaltung |
| Lieferschein eines Lieferanten | Materialbuchhaltung |
| Rechnung an Kunden<br>Zahlungseingang von Kunden | Debitorenbuchhaltung |
| Spesenbeleg eines Mitarbeiters<br>Bargeldentnahme für Porti | Kassabuch |
| Lohnabrechnung eines Mitarbeiters<br>Lohnzahlung an Mitarbeiter | Lohn- und Gehaltsbuchhaltung |
| Geldverschiebungen von einer Bank<br>zur anderen oder in Kasse<br>Kreditaufnahme oder -rückzahlung | Finanzbuchhaltung i.e.S. |
| Beschaffung oder Abschreibung<br>eines Anlagengutes | Finanzbuchhaltung i.e.S.,<br>eventuell Anlagenbuchhaltung |

Abb.2 *Vorgelagerte Buchungssysteme (Hilfsbuchhaltungen)*

Die Finanzbuchhaltung im engeren Sinne wird in mittleren und grösseren Systemen zum Sammelsystem, welches «nur» noch die Veränderungen aus den vorgelagerten Systemen übernimmt und als Totale (Sammelbuchungen) protokolliert. Die Hauptarbeit geschieht immer mehr in den vorgelagerten Buchungssystemen.

Um ihrer Aufgabe gerecht zu werden, müssen die Finanzbuchhaltung und die vorgelagerten Systeme die Geschäftsfälle so erfassen, dass sie nach einem Ordnungssystem zusammengefasst werden können. Dieses Ordnungssystem soll es ermöglichen, in der Bilanz die Vermögenswerte des Unternehmens seinen Schulden gegenüberzustellen und in der Gewinn- und Verlustrechnung den Ertrag und den periodengleichen Aufwand auszuweisen.

Als Struktur zur Gliederung der Vermögenswerte haben sich folgende Hauptgruppen herausgebildet:

| | | |
|---|---|---|
| Kassa, Postcheck- und Bankguthaben | = flüssige Mittel | Umlaufvermögen |
| Debitoren | = Forderungen | |
| Aktien, Obligationen und andere Wertschriften | = Wertschriften | |
| Roh- und Hilfsstoffe, Halb- und Fertigfabrikate, Ware in Arbeit | = Vorräte | |
| Maschinen, Güter, Einrichtungen | = Mobilien | Anlagevermögen |
| Grundstücke, Gebäude | = Immobilien | |
| Beteiligungswerte an anderen Gesellschaften | = Beteiligungen | |

Abb.3 *Vermögenshauptgruppen*

Die Schulden des Unternehmens werden grundsätzlich in Fremd- und Eigenkapital unterteilt. Hier haben sich drei Hauptgruppen herausgebildet:

| | | |
|---|---|---|
| Lieferantenschulden (= Kreditoren) | kurzfristiges Fremdkapital | Fremdkapital |
| Bankschulden, kurzfristige Darlehen von Dritten | | |
| Rückstellungen für kurzfristige Risiken | | |
| Hypotheken (Grundpfandschulden) | langfristiges Fremdkapital | |
| langfristige Darlehen | | |
| Obligationenanleihen | | |
| Rückstellungen für langfristige Risiken | | |
| Aktienkapital, Stammkapital | Eigenkapital | Eigenkapital |
| Genussscheine | | |
| Reserven (gesetzliche und freie) (Rücklagen) | | |
| Gewinnvortrag | | |

Abb.4 *Schuldenhauptgruppen*

Da die Summe aller Vermögenswerte immer der Summe aller Schulden des Unternehmens gegenüber Dritten (inklusive Eigenkapitalgeber) entsprechen muss, kann man die Bilanz sehr einfach in grafischer Form darstellen. Der Begriff «Bilanz» kommt aus dem Italienischen «la bilancia» = die Waage. Damit die Waage im Gleichgewicht bleibt, muss links und rechts gleich viel hängen. Deshalb muss die Summe aller Vermögensteile immer der Summe aller Schulden entsprechen, wenn eine Bilanz richtig sein soll.

| Vermögen | Schulden |
|---|---|
| Umlaufvermögen | Kurzfristiges Fremdkapital |
| | Langfristiges Fremdkapital |
| Anlagevermögen | Eigenkapital |
| Bilanzsumme | Bilanzsumme |

Abb. 5 *Grundstruktur einer Bilanz*

Der Begriff Eigenkapital ist insofern irreführend, als er das Kapital, das die Inhaber des Unternehmens bereitgestellt haben, anzeigt, nicht jedoch dasjenige des Unternehmens selbst. Eigenkapital ist somit eine Saldogrösse, die angibt, welcher Teil des Vermögens den Inhabern gehört, wenn alle Schulden bei Dritten abgezogen sind.

In vielen Ländern wird in der Bilanz zuerst das Anlagevermögen, dann das Umlaufvermögen dargestellt sowie, sinngemäss, auf der Schuldenseite zuerst das Eigenkapital und anschliessend das Fremdkapital. An der Aussage der Bilanz ändert dies aber nichts.

In der Gewinn- und Verlustrechnung (GuV) – in der Praxis häufig als «Erfolgsrechnung» bezeichnet – ist es üblich, den Aufwand nach den Versorgungspartnern des Unternehmens zu gliedern, während der Ertrag in Umsätze mit Dritten und eigene Leistungen unterteilt wird:

Übersteigt die Summe aller Erträge die Aufwendungen, resultiert als Differenz ein Gewinn, weshalb man auch die GuV grafisch mit zwei gleichen Seiten darstellen kann:

Aufwand:
*(Wert der in der Betrachtungsperiode verzehrten Güter und Dienstleistungen)*
- Materialaufwand
- Personalaufwand (Löhne, Gehälter, Sozialleistungen)
- Zinsaufwand (Mieten, Kapitalzinsen)
- Fremdleistungsaufwand (für Unterhalt, Reparaturen, Versicherungen, Beratung, Energie, administrative Hilfsmittel)
- Abschreibungen für den Verbrauch des Anlagevermögens und für Teile des Umlaufvermögens
- Steuern, Gebühren, Abgaben
- Gewinn («Zins» für das Eigenkapital)

Ertrag:
(Wert der in der Betrachtungsperiode erbrachten Güter und Dienstleistungen)
- Umsätze mit Dritten (aus Verkauf von Produkten und Dienstleistungen)
- Schmälerungen der Erlöse (Umsätze) durch Boni, Rabatte, Skonti etc.
- Bestandsänderungen der Halb- und Fertigfabrikate sowie der Waren in Arbeit
- Wert der Eigenherstellung von Anlagegütern
- Zinserträge aus Vermögenswerten des Unternehmens

| Aufwand | Ertrag |
|---|---|
| Material | Umsatz |
| Personal | Zinsertrag |
| Gewinn | eigenerstellte Anlagen |
| GuV-Summe | GuV-Summe |

Abb. 6 *Grundstruktur der Gewinn- und Verlustrechnung*

Die bisher dargestellte grobe Gliederung in Bilanz und GuV reicht für die Zwecke der Auswertung der Finanzbuchhaltung nicht aus. Das Ordnungssystem wurde deshalb zum Kontensystem ausgebaut, das eine leichtere Zuordnung von Geschäftsfällen zu obgenannten Grobgruppen ermöglicht.

Für verschiedene Länder und Branchen wurden Kontensysteme in Form von Kontenrahmen entwickelt (vgl. zum Beispiel «Kontenrahmen für Gewerbe-, Industrie- und Handelsbetriebe»). Solche Kontenrahmen sind als Minimalgliederungen zu verstehen. Je nach Bedarf können zusätzliche Konten eröffnet und bebucht werden. Jedes Unternehmen legt deshalb seinen eigenen verbindlichen Kontenplan fest.

Mit der nachstehenden Systematik lassen sich auch die Auswertungen der Finanzbuchhaltung gezielt und leichter durchführen:

<table>
<tr><td>Kontenklasse 1</td><td>Aktiven (Vermögen)</td><td rowspan="2">Bilanz</td></tr>
<tr><td>Kontenklasse 2</td><td>Passiven (Schulden)</td></tr>
<tr><td>Kontenklasse 3/4</td><td>Betriebsaufwand</td><td rowspan="3">Zweistufige Gewinn- und Verlustrechnung des Unternehmens</td></tr>
<tr><td>Kontenklasse 6</td><td>Betriebsertrag</td></tr>
<tr><td>Kontenklasse 7</td><td>Ausserordentlicher Aufwand/Ertrag</td></tr>
</table>

Abb. 7 *Kontenklassen*

Für den Zweck einer transparenten Buchführung genügt der vorliegende Kontenrahmen nicht. Deshalb werden die einzelnen Klassen in spezifische Kontengruppen unterteilt, die, je nach Bedürfnis des Unternehmens, eine weitere Verfeinerung erfahren.

Das Gesagte wollen wir anhand des folgenden Beispiels verdeutlichen:

| | | | | |
|---|---|---|---|---|
| 1 Aktiven (Vermögen) | | (Kontenklasse) | | |
| | 10 | Umlaufvermögen (Kontenhauptgruppe) | | |
| | | 1000 | Kasse | |
| | | 1010 | Postcheck | |
| | | 1020 | Banken | (Kontengruppe) |
| | | | 1021 | Bank A |
| | | | 1022 | Bank B |
| | | | 1023 | Bank C |
| | | | 1024 | usw. |

Abb. 8 *Numerierung der Einzelkonten*

Die Tiefe der Kontengliederung ist im Anwendungsfall abhängig von:

- der Grösse des Unternehmens,
- der Anzahl gleichartiger Konten innerhalb einer Gruppe,
- dem Bedarf, Kontensaldi sofort ablesen und überprüfen zu können,
- den Auswertungsbedürfnissen der Buchhalter und der Wirtschaftsprüfer.

| Klasse 1 | Klasse 2 | Klasse 3 | Klasse 4 |
|---|---|---|---|
| **Aktiven** | **Passiven** | **Betriebsaufwand**<br>Material- und Warenaufwand<br>Gruppen je nach Bedürfnis der Branchen | **Betriebsaufwand**<br>Übriger Betriebsaufwand<br>Gruppen je nach Bedürfnis der Branchen |
| Gruppe 10<br>Umlaufvermögen (Geld, Debitoren, Vorräte)<br><br>Gruppe 11<br>Anlagevermögen (Mobilien, Immobilien usw.)<br><br>Gruppe 15<br>Aktive Berichtigungsposten (Gründungskosten, Reinverlust usw.)<br><br>Gruppe 19<br>Aktive Ergänzungsposten (durchlaufende Aktiven, zum Beispiel Bürgschaftsdebitoren) | Gruppe 20<br>Fremdkapital (Kreditoren, Hypotheken usw.)<br><br>Gruppe 21<br>Eigenkapital (Kapital, Privat, Reserven usw.)<br><br>Gruppe 25<br>Passive Berichtigungsposten (zum Beispiel Bewertungsposten zu Aktiven)<br><br>Gruppe 29<br>Passive Ergänzungsposten (durchlaufende Passiven, zum Beispiel Bürgschaftskreditoren) | Gruppe 30<br>Handelswareneinkauf<br><br>Gruppe 32<br>Einkauf von Rohmaterial<br><br>Gruppe 33<br>Einkauf von andern Werkstoffen (Apparaten, Zubehörteilen usw.)<br><br>Evtl. Gruppe 34<br>Einkauf von Hilfsmaterial<br><br>Gruppe 36<br>Direkte Einkaufsspesen (nicht auf 30–34 verteilbar)<br><br>Gruppe 37<br>Einkaufspreisminderungen (nicht auf 30–34 verteilbar)<br><br>Gruppe 38<br>Fremdarbeiten an Material und Waren | Gruppe 40<br>Personalaufwand (Löhne, Gehälter, Sozialleistungen)<br><br>Gruppe 41<br>Mietzinsen (Mietwert eigener Liegenschaft)<br><br>Gruppe 42<br>Kapitalzinsaufwand<br><br>Gruppe 43<br>Unterhalt, Reparaturen und Ersatz von Betriebseinrichtungen und Fahrzeugen<br><br>Gruppe 44<br>Abschreibungen auf betrieblichem Anlagevermögen<br><br>Gruppe 45<br>Versicherungsprämien, Gebühren u. Abgaben<br><br>Gruppe 46<br>Strom, Betriebs- und Hilfsmaterial<br><br>Gruppe 47<br>Büro- u. Verwaltung<br><br>Gruppe 48<br>Werbung<br><br>Gruppe 49<br>Sonstige Betriebsaufwendungen |

Abb. 9 *Kontenrahmen für Gewerbe-, Industrie und Handelsbetriebe (K. Käfer)*

| Klasse 5 | Klasse 6 | Klasse 7 | Klasse 8 |
|---|---|---|---|
| **Frei**<br><br>Gruppen je nach Bedürfnis der Branchen | **Betriebsertrag**<br>(Erlöse, Erlösminderungen usw.)<br>Gruppen je nach Bedürfnis der Branchen | **Ausserordentlicher Aufwand und Ertrag**<br>(samt Liegenschaftsrechnung) | **Abschluss** |
| Im Falle der Verbuchung interner Vorgänge (zwischen den Klassen 3, 4 und 6)<br><br>Gruppe 50/51<br>Verrechneter Betriebsaufwand<br><br>Gruppe 52<br>Hilfskostenstellen<br><br>Gruppe 54<br>Hauptkostenstellen<br><br>Gruppe 56<br>Zu- und Abgang von Produkten in Arbeit<br><br>Gruppe 57<br>Zu- und Abgang von Fertigprodukten<br><br>Gruppe 59<br>Kosten verkaufter Erzeugnisse<br><br>Normalerweise statt Konten: Darstellung in der Kosten- und Erlösrechnung | Gruppe 60<br>Handelswarenverkauf<br><br>Gruppe 62<br>Erlös aus Arbeiten (Verkauf von Erzeugnissen)<br><br>Gruppe 64<br>Nebenerlöse (Materialverkauf usw.)<br><br>Gruppe 66<br>Erlösminderungen (Abzüge von Guthaben, Verkaufsspesen, nicht auf 60–64 verteilbar)<br><br>Gruppe 67<br>Betrieblicher Kapitalertrag<br><br>Gruppe 68<br>Bezüge von Waren und anderen Leistungen für Privat<br><br>Gruppe 69<br>Eigene Herstellung von Betriebseinrichtungen und Arbeiten an der Liegenschaft | Gruppe 70<br>Liegenschaftsrechnung (Aufwand und Ertrag)<br><br>Gruppe 72<br>Betriebsfremder und übriger ausserordentlicher Kapitalertrag<br><br>Gruppe 73<br>Betriebsfremder Arbeitsertrag<br><br>Gruppe 74<br>Übrige ausserordentliche Erträge<br><br>Gruppe 75<br>Betriebsfremder und übriger ausserordentlicher Aufwand<br><br>Gruppe 76<br>Vermögens- und Einkommenssteuern (direkte Steuern)<br><br>Evtl. Gruppe 78<br>Abzusondernde Nebenbetriebe<br><br>Evtl. Gruppe 79<br>Übrige abgesonderte Aufwendungen und Erträge (zum Beispiel Zinsen, Abschreibungen) | Gruppe 80<br>Erfolgsrechnung (Betriebsrechnung)<br><br>Gruppe 81<br>Bilanz<br><br>---<br>Klasse 9<br>Klasse 0<br><br>frei<br><br>Verwendung:<br>zum Beispiel<br>für eine ausführliche Privatbuchhaltung,<br>für Kontrollkonten,<br>für Verwaltung anvertrauten Vermögens<br><br>oder auch:<br><br>Klasse 9:<br>Einzel-Debitorenkonten<br><br>Klasse 0:<br>Einzel-Kreditorenkonten |

### 1.1.1 Doppelte Buchführung

Da die Bilanz und die GuV die wertmässigen Konsequenzen aller Geschäftsfälle aufzeigen sollen, kam man zur Erkenntnis, dass jeder Geschäftsfall Auswirkungen auf zwei Konten haben muss, wenn die Totale von Vermögen und Schulden immer übereinstimmen sollen. Daraus ergab sich die Regel, jeden Vorfall gleichzeitig in zwei Konten zu verbuchen (keine Buchung ohne Gegenbuchung). Für die Erfassung eines Geschäftsfalls sind somit minimal folgende Angaben notwendig:

| | | | | |
|---|---|---|---|---|
| Beleg-Datum | Sollkonto | Habenkonto | Beschreibung | Betrag |

Diese Zeile wird *Buchungssatz* oder *Bewegung* genannt. Für die Adressierung sind die beiden Kontenangaben massgeblich. Die Sollkontonummer zeigt an, in welchem Konto der Betrag *links* (ins Soll) einzutragen ist und wo *rechts* (ins Haben). Jedes Konto hat eine Soll- und eine Habenseite; die Beschreibung, das Belegdatum und der Betrag werden in beide Eintragungen übernommen.

| Soll | Haben |
|---|---|
| (links) | (rechts) |

Einige Beispiele:

| | | |
|---|---|---|
| 1 | Kassa – Darlehen | 400'000 |

Dieser Buchungssatz besagt, dass das Unternehmen ein Darlehen in Höhe von 400'000 aufgenommen hat und das Geld bar eingezahlt wurde. Auf dem Konto Kasse sind 400'000 links zu buchen und auf dem (Passiv-)Konto Darlehen 400'000 rechts.

| | | |
|---|---|---|
| 2 | Wertschriften – Bank | 28'000 |

Es sind für 28'000 Wertschriften gegen Bezahlung aus unserem Bankguthaben erworben worden. Auf dem Konto Wertschriften erfolgt die Buchung links und das Bankkonto (Kontokorrent) wird «entlastet», das heisst dort erfolgt die Buchung rechts.

Es sind 5000 Ringbücher zu Fr. 4.– auf Kredit verkauft worden:

| | | |
|---|---|---|
| 3 | Debitoren – Umsatz | 20'000 |

Die Rechnung für die Reparatur einer Schreibmaschine wird verbucht (Bezahlung später):

| | | |
|---|---|---|
| 4 | Unterhalt Maschinen – Kreditoren | 250 |

Stahlblech wird auf Kredit eingekauft und an Lager gelegt:

| | | |
|---|---|---|
| 5 | Lager – Kreditoren | 2'000 |

Eine Produktionsmaschine wird abgeschrieben:

| | | |
|---|---|---|
| 6 | Abschreibungsaufwand – Anlagevermögen | 5'000 |

Diese sechs beispielhaften Buchungssätze zeigen auf, wie Buchungen den Erfolg (Gewinn/Verlust) und die Bilanz verändern.

Weil jeder Betrag einmal links und einmal rechts eingetragen wird, muss auch das Total aller linken Eintragungen in Bilanz- und GuV-Konten jederzeit mit dem Total aller rechten Eintragungen übereinstimmen. Dies ermöglicht eine ständige Kontrolle der vollständigen Verbuchung.

Je nach Auswirkung auf die Bilanz unterscheidet man folgende Arten der Wertverschiebung:

| | Beispiele |
|---|---|
| *Erfolgswirksame Buchung:*<br>Ein Konto der Gewinn- und Verlustrechnung (GuV) wird verändert und gleichzeitig ein Konto der Bilanz. Dadurch verändern sich die Gesamtsaldi von Bilanz und der GuV und damit auch der Gewinn. Die Bilanzsumme wird ebenfalls verändert. | Buchungen 3, 4, 6<br>*Umsatz, Sach- und Personalaufwand, Abschreibungen* |
| *Aktivtausch:*<br>Ein Vermögenskonto der Bilanz wird erhöht und ein anderes gleichzeitig um den selben Betrag vermindert. Die Bilanz bleibt ausgeglichen: Vermögen – Schulden = die Bilanzsumme bleibt unverändert. | Buchung 2<br>*Barkauf von Ersatzteilen für Auto an Lager* |
| *Passivtausch:*<br>Eine Schuld in der Bilanz wird erhöht und eine andere gleichzeitig um denselben Betrag vermindert. Auch hierbei bleibt die Bilanz im Gleichgewicht und die Bilanzsumme unverändert. | *Umwandlung kurzfristiger in langfristige Schulden* |
| *Bilanzvergrösserung:*<br>Ein Vermögensteil und eine Schuld werden gleichzeitig um den gleichen Betrag erhöht. Die Bilanz bleibt ausgeglichen. Die Bilanzsumme (alle Aktiven oder alle Passiven addiert) vergrössert sich. | Buchungen 1, 5<br>*Materialeinkauf an Lager auf Kredit* |
| *Bilanzverkleinerung:*<br>Ein Vermögensteil und eine Schuld werden gleichzeitig um den gleichen Betrag vermindert. Die Bilanzsumme verkleinert sich. Die Bilanz bleibt ausgeglichen. | *Zahlung einer Lieferantenrechnung per Postcheck;*<br>*Barrückzahlung von Schulden* |

### 1.1.2 Buchhaltungsorganisation

Mit der doppelten Buchführung können sämtliche rein wertmässigen Geschäftsfälle lückenlos erfasst und später ausgewertet werden. Dazu werden, wie schon erläutert, folgende Elemente benötigt:

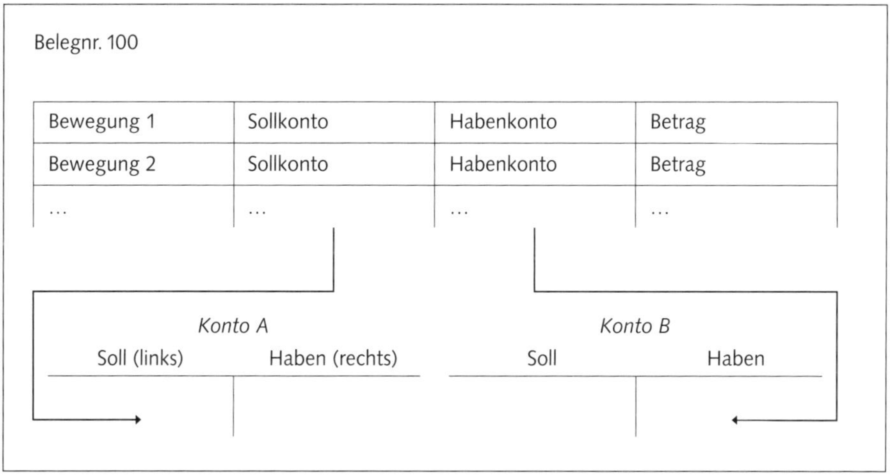


Abb. 10 *Beleg, Bewegung und Konteneintrag*

**Kontenplan**
= individuelles Gliederungsschema für Konten in einem Unternehmen.

Ein Kontenplan wird sinnvollerweise nach der Struktur eines landes- oder branchenspezifischen Kontenrahmens gebildet, um den Vergleich zwischen Unternehmen zu erleichtern (vgl. 1.1).

**Kontenrahmen**
= Gliederungsvorschlag für Konten in einem Land oder Branche

Werden sämtliche Bewegungen (oder Buchungssätze) in chronologischer Reihenfolge festgehalten, spricht man vom Buchungsjournal. Dieses dient dem Buchhalter zur Kontrolle, ob alle Geschäftsfälle richtig und vollständig verbucht sind. (Die Summe aller linken Einträge muss ständig mit der Summe aller rechten Einträge übereinstimmen.)

Werden die Einträge (bzw. Bewegungen) kontenweise gegliedert, entstehen die Bilanz und die GuV. Für diese Gliederung hat sich der Begriff *Hauptbuch* durchgesetzt.

**Buchungsjournal**
= Dokumentation sämtlicher Bewegungen nach zeitlicher Reihenfolge

**Hauptbuch**
= Dokumentation sämtlicher Bewegungen in den einzelnen Konten

Zur unternehmensindividuellen Buchhaltungsorganisation gehören schliesslich noch die Kontierungsregeln. Darin wird für unklare Fälle festgelegt, welche Geschäftsfälle in welche Konten zu verbuchen sind.

### 1.1.3 Erstellung eines Abschlusses

Unter Abschluss ist die Zusammenführung aller Saldi aus den verschiedenen Konten einer Finanzbuchhaltung zu Bilanz und GuV zu verstehen. Theoretisch kann ein Abschluss jederzeit erstellt werden, praktisch wird er nur am Ende einer bestimmten Geschäftsperiode (ein Monat, ein Quartal oder ein Jahr) durchgeführt. Die Abschlussarbeiten lassen sich in mehrere Schritte unterteilen:

1) In jedem Konto wird der Saldo zwischen linken (Soll-) und rechten (Haben-) Eintragungen berechnet.

2) Soweit noch nicht vorgenommen, erfolgen nun die so genannten *Nachtrags- und Abschlussbuchungen* (für jede Buchung ist wiederum ein Beleg zu erstellen). Nachfolgend hierzu Beispiele:

| | |
|---|---|
| Abschreibungsaufwand –<br>Anlagen oder Lagerbestand | (Abschreibung) |
| Warenaufwand – Lagerbestand<br>(Rohmaterial, Halb- und Fertigfabrikate) | (Korrektur von Inventurdifferenzen,<br>Bewertung der Bestände<br>nach Niederstwertprinzip) |
| Bestandsänderung – Ware in Arbeit/<br>angefangene Arbeiten<br>Fertig- und Halbfabrikate | (Korrektur der Bestandsänderung<br>an teilweise veredelten Produkten<br>im Lager und in der GuV) |
| Transitorische Aktiven – Aufwandkonto | (Entlastung der jetzigen Periodenrechnung<br>von bereits verbuchten Aufwänden,<br>die die nächste Periode betreffen) |
| Aufwandkonto – Transitorische Passiven | (Belastung der jetzigen Periodenrechnung<br>mit noch nicht verbuchten Aufwänden,<br>die die jetzige Periode betreffen) |
| Rückstellungsaufwand – Rückstellungen | (zur Abdeckung von Risiken,<br>deren Eintritt und/oder deren Höhe<br>noch nicht sicher sind) |

3) Erneute Ermittlung der Kontensalden und deren Verbuchung in Probebilanz und Probe-GuV. Dabei werden alle Salden von Vermögenskonten in die linke Bilanzseite (Aktiven) und alle Salden von Schuldenkonten in die rechte Seite (Passiven) übertragen und gemäss Kontenplan gruppiert. Sinngemäss das Gleiche geschieht mit den Salden der Aufwands- und Ertragskonten.

4) In der Schlussbilanz I ergibt sich als Differenz zwischen der Vermögens- und der Schuldenseite der Gewinn oder der Verlust. Nach dem Prinzip der Doppik muss in der Probe-GuV die gleiche Differenz zwischen den Aufwands- und Ertragskonten entstehen: der Gewinn oder der Verlust.

Der Gewinn (oder Verlust) der Schlussbilanz ist gleich dem Gewinn (oder Verlust) der GuV.

Schematisch ergibt sich folgendes Bild:

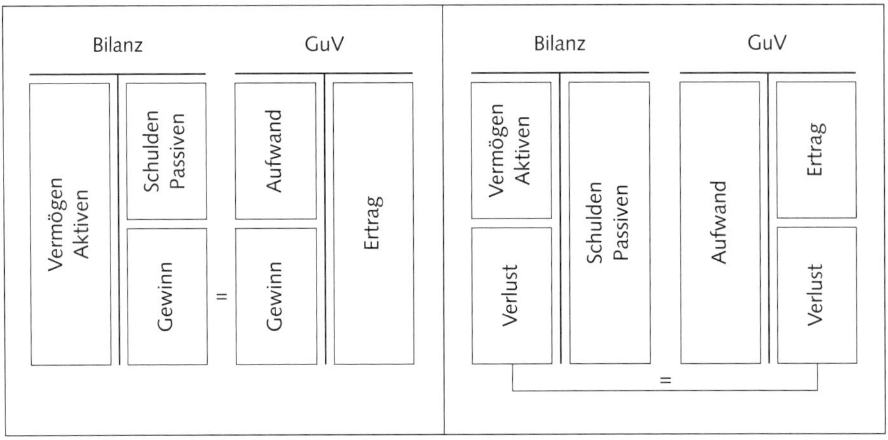


Abb. 11 *Gewinn und Verlust in Bilanz und GuV*

5) Wurden in der Finanzbuchhaltung bereits die Steuern und Fremdzinsen berücksichtigt, entspricht der Gewinn aus 4) dem Reingewinn, über dessen Verwendung nun die Gesellschafter beschliessen müssen (bei Erstellung eines Jahresabschlusses)

6) Je nach Art der Gesellschaft bestimmen die Eigentümer, welcher Teil des Reingewinns zu verwenden ist für: Zuwendungen (Personalfürsorgestiftungen, Vereine, Verbände), Tantièmen (Verwaltungsratshonorare), Dividenden oder andere Gewinnausschüttungen, Aufstockung der offen ausgewiesenen Reserven, Gewinnvortrag auf das nächste Jahr.

7) Der Beschluss der Gesellschafterversammlung ist der Beleg für die Gewinnverteilung. Nach Vornahme der entsprechenden Buchungen können die Salden aller Konten endgültig in die Schlussbilanz II und in die Schluss-GuV verbucht werden. Damit sind alle Einzelkonten ausgeglichen.

8) Zu Beginn eines neuen Geschäftsjahres werden die Beträge aus der Schlussbilanz II wieder in die Einzelkonten als Anfangsbestände gebucht. Die GuV als Periodenrechnung beginnt jedoch wieder bei Null, da in diesen Konten jeweils nur die Bewegungen eines Jahres verbucht werden.

Die Schlussbilanz II (nach Gewinnverwendung) ist gleichzeitig die Eröffnungsbilanz des folgenden Geschäftsjahres.

**Anfangsbestände in SFr.**

| | |
|---|---|
| Kasse | 10 |
| Maschinen | 50 |
| Bankschuld | 20 |
| Aktienkapital | 30 |
| Reserven | 10 |

**Summarische Geschäftsfälle in 1000 Fr.**

| | |
|---|---|
| 1. Bareinnahmen aus Reparaturaufträgen | 120 |
| 2. Barverkauf einer voll abgeschriebenen Maschine | 5 |
| 3. Löhne und Sozialleistungen | 60 |
| 4. Barbezahlter Material- und Energieverbrauch | 35 |
| 5. Abschreibungen auf Maschinen | 5 |

**Eröffnungsbilanz**

| Vermögen | | Schulden | |
|---|---|---|---|
| Kasse | 10 | Bankschulden | 20 |
| Maschinen | 50 | Aktienkapital | 30 |
| | | Reserven | 10 |
| Bilanzsumme | 60 | Bilanzsumme | 60 |

*Vermögenskonten*

Kasse

| | |
|---|---|
| 10 | 60 |
| 120 | 35 |
| 5 | Saldo |

Maschinen

| | |
|---|---|
| 50 | 5 |
| | Saldo |

*Schuldenkonten*

Bankschulden

| | |
|---|---|
| | 20 |
| Saldo | |

Eigenkapital

| | |
|---|---|
| | 40 |
| Saldo | |

*Aufwandkonten*

Personalaufwand

| | |
|---|---|
| 60 | |
| | Saldo |

Übriger Aufwand

| | |
|---|---|
| 35 | |
| 5 | |
| | Saldo |

*Ertragskonten*

Reparaturerträge

| | |
|---|---|
| | 120 |
| Saldo | |

Übriger Ertrag

| | |
|---|---|
| | 5 |
| Saldo | |

**Schlussbilanz I**

| Vermögen | | Schulden | |
|---|---|---|---|
| Kasse | 40 | Bankschulden | 20 |
| Maschinen | 45 | Aktienkapital | 30 |
| | | Reserven | 10 |
| | | Gewinn | 25 |
| Bilanzsumme | 85 | Bilanzsumme | 85 |

**Gewinn- und Verlustrechnung**

| Aufwand | | Ertrag | |
|---|---|---|---|
| Personal | 60 | Reparaturen | 120 |
| Übriger | 40 | Übriger | 5 |
| Gewinn | 25 | | |
| | 125 | | 125 |

**Schlussbilanz II**

| Vermögen | | Schulden | |
|---|---|---|---|
| Kasse | 40 | Kreditoren | 15 |
| Maschinen | 45 | Bankschulden | 20 |
| | | Aktienkapital | 30 |
| | | Reserven | 20 |
| Bilanzsumme | 85 | Bilanzsumme | 85 |

**Gewinnverteilung**

| | |
|---|---|
| Steueraufwand – Kreditoren | 5 |
| Dividenden – Kreditoren | 10 |
| Reservezuweisung – Reserven | 10 |
| | 25 |

Abb. 12 *Der Weg von der Eröffnungs- zur Schlussbilanz*

## 1.2 Vorgelagerte Buchungssysteme, Hilfsbuchhaltungen

Es ist bereits darauf hingewiesen worden (vgl. 1.1), dass im Zuge des Wachstums der Unternehmen und der daraus entstandenen Arbeitsteilung verschiedene zusätzliche Buchungssysteme, auch Hilfsbuchhaltungen genannt, entwickelt wurden. Die Anforderungen, die heute an diese Systeme gestellt werden, sind so umfangreich, dass die reine Buchführungsarbeit immer mehr in den Hintergrund getreten ist und diese Instrumente zu eigentlichen Informationssystemen von Funktionsbereichen ausgebaut wurden.

Nachstehend werden die wesentlichen, buchhaltungsorientierten Aufgaben dieser Systeme aufgeführt.

### 1.2.1 Fakturierung

In der Fakturierung werden die Grundlagen für die Buchungen innerhalb der Ertrags- und Ertragsminderungskonten gelegt.

Jede ausgehende Rechnung wird für die Buchhaltung in verschiedene Bewegungen «zerlegt». Dazu müssen, gemeinsam mit der Auftragsbearbeitung, eventuell mit der Offertbearbeitung und mit der Debitorenbuchhaltung, die grundlegenden *Kundendaten* gepflegt werden:

- Debitorennummer = Kontonummer = Kundennummer
- Kundenanschrift, -adresse, -ansprechpartner
- Kreditlimite des Kunden
- gewährte Zahlungskondition
- MWSt-Sätze des Kunden
- zugeordneter Verkäufer, Verkaufsgebiet
- kundenspezifische Rabattsätze
- eventuelle Verbandszugehörigkeit
- eventuelle Versandadressen (an wen zu liefern ist)

In Zusammenarbeit mit der Materialwirtschaft sind auch die Daten über die zu verkaufenden Artikel auf aktuellem Stand zu halten:

- Artikelnummer, -bezeichnung
- Verkaufspreis brutto
- Rabattsätze, die auf den Artikel gewährt werden
- eventuelle Mengenrabatte (-staffeln)
- Produkt- oder Warengruppenzugehörigkeit des Artikels
- zugeordnetes Ertragskonto in der FIBU

Zusammen mit den Angaben aus der bearbeiteten Bestellung ergibt sich daraus die Faktura:

Ringbuch AG
Musterstrasse 1
9800 St. Gallen

Kundennummer: 83245

Auftrags-/Rechnungsnummer: 0080
Fakturadatum: 15.9.01

Firma
Seminar AG
Kursstrasse 25
1111 Echantillon

Verkäufer: 21
Wir lieferten Ihnen am: 2.9.01

Ihre Referenz

| Pos. | Artikelnr. | Bezeichnung | Menge | Preis brutto | Rabattsatz | Betrag |
|---|---|---|---|---|---|---|
| 1 | 105010 | 4-Ringbuch 7cm | 100 | 5.00 | 10% | 450.00 |
| 2 | 105060 | 2-Ringbuch 4cm | 200 | 4.00 | 10% | 720.00 |
| Total Warenwert | | | | | | 1'170.00 |
| Porto, Fracht, Verpackung | | | | | | 50.00 |
| MwSt-Satz: 7,6% | | | | | | 92.72 |
| Total Rechnungsbetrag | | | | | | 1'312.72 |

Zahlungskonditionen: 30 Tage netto Fakturadatum
Bitte überweisen Sie den Betrag auf unser PC 90-3762

Abb. 13 *Musterfaktura*

Diese Faktura bildet den Beleg für die Verbuchung in Debitoren- und Hauptbuchhaltung, wobei in Form einer Sammelbuchung folgende Bewegungen zu generieren sind:

| Beleg-nummer | Beleg-datum | Debitoren-konto | Ertrags-/ Abzugskonto | Text | Betrag |
|---|---|---|---|---|---|
| 0080 | 20.09.01 | 83245 | 6100 | Umsatz | 450.00 |
| | | | 6110 | Umsatz | 720.00 |
| | | | 2222 | MwSt | 92.72 |
| | | | 6500 | Porto, Fracht, Verpackung | 50.00 |
| Total Debitor | | | | | 1'312.72 |

Abb. 14 *Ertragsbewegungen*

Bei diesen Bewegungen wurde angenommen, dass Verkäufe von Artikel 105010 immer dem Ertragskonto 6100, von Artikel 105060 dem Konto 6110, verrechnete Porti und Verpackung dem Ertragskonto 6500 gutgeschrieben werden, währenddem die MWSt direkt dem Schuldenkonto MWSt 2222 (an den Staat zu bezahlen) gutzuschreiben ist. In der Debitorenbuchhaltung interessieren die Einzelheiten dieser Rechnung nicht, sondern nur der Gesamtbetrag von Fr. 1'312.72, den Kunde 83245 jetzt dem Unternehmen schuldet. Deshalb werden die Einzelbeträge im Debitorenkonto zu einem Betrag zusammengefasst.

Die Sammlung aller oben dargestellten Bewegungen über einen Zeitraum ergibt das *Fakturaausgangsjournal*. Theoretisch könnte man jede einzelne Bewegung in der Hauptbuchhaltung verbuchen, doch ist dieser Aufwand nicht nötig, da ja die Einzelheiten aus der Rechnung entnommen werden können. In der Hauptbuchhaltung reicht somit pro Tag oder Monat eine Sammelbuchung pro gleiche Soll- und Habenkonto-Kombination aus.

Selbstverständlich können die oben angeführten Bewegungen auch mit vertauschten Soll- und Habenkonten oder mit negativen Beträgen vorkommen. Dann nämlich, wenn eine Rechnung storniert (wegen Rücklieferung oder Mängelrüge), oder wenn einem Kunden eine Gutschrift erteilt wird.

Das Beispiel zeigt, dass die für die Finanzbuchhaltung notwendigen Ertragsdaten in der Fakturierung «automatisch» miterzeugt werden, eine Zweiterfassung somit umgangen werden kann. Die Fakturierung ist aber, wie weiter hinten noch gezeigt werden wird, eine wichtige zentrale Datenbasis für das betriebliche Rechnungswesen, insbesondere für die Erlösrechnung.

Datenmässig weiss man nie mehr über seinen Kunden, als wenn man ihm eine Rechnung schreibt.

### 1.2.2 Debitorenbuchhaltung

Hauptaufgabe der Debitorenbuchhaltung ist es, sämtliche Forderungen gegenüber Schuldnern (Kunden) des Unternehmens zu erfassen, zu verwalten und nach vollständiger Bezahlung zu löschen. Dazu muss einerseits jede Rechnung, die an einen Kunden gestellt wird, als offener Posten in die Debitorenbuchhaltung aufgenommen werden (Übernahme der Bewegung aus der Fakturierung oder aus dem Fakturaausgangsjournal). Zur Wahrung der Übersicht wird für jeden Kunden ein eigenes Debitorenkonto geführt. Andererseits sind die Zahlungseingänge von den Kunden in den Konten zu berücksichtigen, so dass jederzeit der Saldo eines Debitorenkontos ermittelt werden und damit der Stand der Forderungen gegenüber einem Kunden ausgewiesen werden kann.

Bezahlt ein Kunde eine Rechnung über die Bank, ergibt der Bankbeleg die Grundlage für die Verbuchung:

| | |
|---|---|
| Raiffeisenbank<br>9800 St. Gallen | |
| Valuta: 18.10.01 | Firma Ringbuch AG<br>Musterstrasse 1<br>9800 St. Gallen |
| Gutschriftsanzeige<br>Konto 239.927.85 | |
| Zahlung von: Seminar AG, 1111 Echantillon | Fr. 1'312.72 |

Abb. 15 *Zahlungseingangsbeleg*

Die entstehende Buchung lautet

| Beleg-nummer | Beleg-datum | Soll-konto | Haben-konto | Text | Betrag |
|---|---|---|---|---|---|
| xxxx | 18.10.01 | Bank | 83245 | Zahlung Fakt. 0080 | 1'312.72 |

Abb. 16 *Zahlungseingangsverbuchung*

Damit kann in der Debitorenbuchhaltung der offene Posten des Kunden ausgeglichen oder gelöscht werden. Überweist der Kunde nur eine Teilzahlung, bleibt die offene Position stehen, bis auch der Rest bezahlt ist.

Die Sammlung aller Zahlungseingänge eines Tages oder Monats ergibt das Zahlungseingangsjournal. Für den Übertrag in die Hauptbuchhaltung werden auch hier die Zahlen so verdichtet, dass eine Sammelbuchung aufzeigt, wie die Geldkonten (Bank, Postcheck, Kasse) zugenommen haben und wie der Debitorenbestand abgenommen hat.

Werden die offenen Posten und die Zahlungseingänge pro Kunde chronologisch gespeichert, kann das Zahlungsverhalten eines Kunden je nach Bedarf analysiert werden, was für die Zwecke der Bonitätskontrolle notwendig ist. Schliesslich bilden die gleichen Daten auch die Grundlage für das Mahnwesen, für dessen Ausführung ebenfalls die Abteilung Debitorenbuchhaltung verantwortlich ist.

### 1.2.3 Kreditorenbuchhaltung

Die Kreditorenbuchhaltung sollte zu jedem Zeitpunkt den aktuellen Stand aller Verbindlichkeiten gegenüber Lieferanten nachweisen. Dieser Grundsatz – eine «alte» Forderung der Wirtschaftsprüfer – verlangt, dass alle eingehenden Rechnungen vor ihrer materiellen Prüfung der Kreditorenbuchhaltung eingereicht und dort erfasst werden. In der Kreditorenbuchhaltung hat jeder Lieferant ein Konto, in das die eingehenden Rechnungen als offene Posten gebucht werden. Das Gegenkonto dieser Buchung ist in den meisten Fällen ein Aufwandkonto. Rechnungen für Warenlieferungen (Roh- und Hilfsstoffe, Handelswaren) erfahren ihre Gegenbuchung jedoch auf einem Bestandskonto (Lager, Vorräte). Die Abteilung Kreditorenbuchhaltung muss aber auch dafür sorgen, dass die zur Zahlung fälligen Rechnungen termingerecht bezahlt und die dabei möglichen Skontoabzüge vorgenommen werden.

In Zusammenarbeit mit dem Einkauf sind Datenelemente über die Lieferanten aufzunehmen und laufend zu aktualisieren:

- Kreditorennummer = Kontonummer = Lieferantennummer
- Lieferantenanschrift, -adresse, -ansprechpartner
- Zahlungskonditionen des Lieferanten
- Bank- oder Postzahlungsadresse des Lieferanten.

Von jeder eingehenden Rechnung sind zudem mindestens das Rechnungsdatum und der Betrag zu erfassen, damit der Fälligkeitstermin ermittelt werden kann.

Sind die eingegangenen Rechnungen erfasst, entsteht das Rechnungseingangsjournal. Die Rechnungen gehen dann zur Rechnungsprüfung an die zuständigen Mitarbeiter des Einkaufs, des Lagers oder des Betriebes.

Geprüfte und zur Zahlung fällige Rechnungen werden nach den Konten gruppiert, die von der Zahlung berührt werden (Bankkonten, Postcheck, eventuell Verrechnung mit Gegenlieferungen). Daraus resultiert das Zahlungsausgangsjournal, in dem links im Soll die Kreditorennummer und rechts im Haben jenes Bankkonto aufgeführt wird, aus dem die Zahlungen erfolgen.

Für den Übertrag in die Hauptbuchhaltung werden dic beiden Journale wie in den anderen Hilfsbuchhaltungen pro Hauptbuchhaltungskonto (Kreditorensammelkonto, Postcheck- und Bankkonten, Aufwand- und Bestandskonten) verdichtet, so dass dort nur noch die aggregierten Werte zu verbuchen sind. Vereinfachend kann man sagen, dass die Kreditorenbuchhaltung gleich aufgebaut ist wie die Debitorenbuchhaltung, aber auf den Beschaffungs- anstatt auf den Absatzmarkt ausgerichtet ist.

### 1.2.4 Materialbuchhaltung

Die Materialbuchhaltung ist heute in der Regel ein Teil des umfassenderen Bereiches der Materialwirtschaft, weil die Registrierung der Bestände und der Bewegungen eng mit der Lagerorganisation, dem Einkauf, der Produktion und dem Verkauf verknüpft ist. Die eigentliche Buchführungsaufgabe besteht darin, die Wertveränderung der Lagerbestände zuhanden der Hauptbuchhaltung darzustellen und zu zeigen, wofür das Material verbraucht wurde. Dazu müssen bekannt sein:

| Bewertung von: | Belegarten |
|---|---|
| Lagerbestand | ■ Inventurliste |
| Lagerzugänge | ■ Lieferscheine von Lieferanten<br>■ Fertigmeldescheine für Halb- und Fertigfabrikate<br>■ Rücklieferungen aus der Produktion mit Materialbezugsscheinen |
| Lagerabgänge | ■ Materialbezugsscheine für die Produktion<br>■ Lieferscheine an Kunden<br>■ Rücklieferungen an Lieferanten<br>■ Belege für Verderb und Schwund |

Abb. 17 *Belege für Lagerbewegungen*

Von jedem Lagerartikel wird eine grosse Zahl von Datenelementen gespeichert, die in Produktion und Verkauf benötigt werden. Hier sollen jedoch nur diejenigen Elemente aufgelistet werden, die für die Buchführung wesentlich sind:

- Artikelnummer = Kontonummer (oder Kontozuordnung)
- Artikelbezeichnung
- Menge
- letzter Einstandspreis
- niedrigster Einstandspreis
- durchschnittlicher Einstandspreis
- volle Herstellkosten
- proportionale Herstellkosten

Zusätzlich sind von jeder Lieferung (Auftrag) auch noch der effektiv zu bezahlende Einstandswert, die gelieferte Menge und das Lieferdatum zu erfassen. In der Systematik der doppelten Buchführung können diese Daten jedoch nicht mitgeführt werden, sondern nur die Kontennummern, die Texte und die Werte. Einige beispielhafte Buchungssätze für die Materialbuchhaltung sollen das Gesagte verdeutlichen:

| Beleg-nummer | Beleg-datum | Soll-konto | Haben-konto | Text | Betrag |
|---|---|---|---|---|---|
| | | Lager | Kreditor | Lagerzugang aus Lieferantenlieferung, Stahlblech 1 mm in Tafeln | 850.00 |
| | | Material-aufwand | Lager | Lagerabgang an Fertigung, Stahlblech 1 mm in Tafeln | 170.00 |
| | | Hilfsmat.-aufwand | Lager | Schmierfett für Stanzmaschine | 12.80 |
| | | Waren-aufwand | Fertig-/Handelslager | Handelswarenverkauf Folientaschen | 33.60 |

Abb. 18 *Beispielhafte Lager-Buchungssätze*

In der Finanzbuchhaltung wird nicht der gleiche Detaillierungsgrad benötigt wie in der Materialwirtschaft. In Produktions-, oft aber auch in Handelsbetrieben, werden denn auch sehr viele Artikel(nummern) unter einer Kontonummer zusammengefasst. Für die Zwecke des Übertrags in die Hauptbuchhaltung reichen im Produktionsbetrieb eigentlich vier Sammelkonten aus:

- Roh- und Hilfsmaterial
- Halbfabrikate
- Fertigfabrikate
- Ware in Arbeit/angefangene Arbeiten

Einen aktuellen Stand weisen dabei meistens nur die Konten Roh- und Hilfsmaterial sowie Fertigfabrikate auf, da für die Aktualisierung der Halbfabrikate- und der Ware in Arbeit-Konten Bewertungen aus der Kostenträgerrechnung über abgeschlossene und in Arbeit befindliche Aufträge benötigt werden. Die Konten «Halbfabrikate» und «Ware in Arbeit» kommen nur in Produktionsbetrieben und in wenigen Dienstleistungsbetrieben vor.

Die Bewertung von Beständen im Zeitpunkt der Übertragung der Materialwerte von der Material- in die Hauptbuchhaltung ist von zentraler Bedeutung. In den meisten Ländern ist gesetzlich vorgeschrieben, dass die Lagerbestände nach dem Niederstwertprinzip zu bewerten sind. Das bedeutet, dass Bestände zum jeweils niedrigsten Wert in die Bilanz aufzunehmen sind, entweder zum Beschaffungs- oder zum aktuellen Marktpreis (heutiger Einstandspreis). Ist der Marktpreis zum Bilanzierungszeitpunkt niedriger als der ursprünglich bezahlte Einstandspreis, ist die Differenz zu berichtigen:

| |
|---|
| Wertberichtigungsaufwand auf Warenlager – Lagerbestand |

Ist der Marktpreis höher als der Beschaffungspreis, wird in der Regel keine Korrektur vorgenommen, was dann zu den bekannten stillen Reserven führt.

Stille Reserven – sie können auch auf anderen Bilanzpositionen entstehen – sind somit nichts anderes als unterbewertete Vermögensbestandteile (oder überbewertete Schulden).

Je nach gesetzlichen Vorschriften eines Landes – so erlaubt der schweizerische Gesetzgeber die unbegrenzte Bildung von stillen Reserven –, und nach dem Abschreibungsverhalten eines Unternehmens ergeben sich stille Reserven in mehr oder weniger hohem Ausmass. In der Schweiz sind in Bilanzen deshalb auch so genannte «pro memoria-Posten» im Wert von SFr. 1.– zu finden, hinter denen höherwertige Vermögensbestandteile stecken, die aber schon auf null bzw. einen Franken abgeschrieben wurden. So werden oft aktivierungsfähige Anschaffungen wie Werkzeuge, Vorrichtungen, Bürohilfsmittel direkt einem Aufwandkonto belastet, wodurch das Gut zwar physisch im Unternehmen ist, aber nicht als Vermögensbestandteil ausgewiesen wird.

Für den Übertrag von der Materialbuchhaltung in die Hauptbuchhaltung wird meistens nicht ein Journal als Grundlage verwendet, sondern am Periodenende werden aufgrund der ermittelten Bestände und der Bewertungsüberlegungen pro Konto Anpassungsbuchungen vorgenommen. Diese Buchungen betreffen Bestandszu- oder -abnahmen.

### 1.2.5 Lohn- und Gehaltsbuchhaltung

Das Aufgabenspektrum der Lohn- und Gehaltsadministration ist mit dem Ausbau der Sozialversicherungswerke und der beruflichen Vorsorge stark ausgeweitet worden. Massgebend für die Buchführungsarbeit ist hieraus die Lohnabrechnung. Zuhanden der Hauptbuchhaltung sind verdichtete Buchungen bereitzustellen, die folgende Geschäftsfälle betreffen:

- Lohn- und Gehaltsgutschriften brutto an die Mitarbeiter,
- Leistungen, die der Arbeitgeber für jeden Mitarbeiter zu bezahlen hat (AHV, ALV, Familienausgleichskasse, Erwerbsersatzordnung, Verwaltungskostenbeiträge),
- Beiträge des Arbeitgebers an die berufliche Vorsorge,
- Zulagen aller Art (Kinder- und Familienzulagen, Orts- und Verpflegungszulagen, Dienstaltersgeschenke, Pauschalspesen, etc.),
- übrige (freiwillige) Arbeitgeberanteile wie Krankenversicherung,
- Dem Mitarbeiter abgezogene Beiträge für AHV, ALV, berufliche Vorsorge, Unfallversicherung, Krankenversicherung, Quellensteuern, etc.,
- Lohn- und Gehaltsauszahlungen (netto).

Ein Sammelbeleg für die Lohn- und Gehaltsabrechnungen eines Monats könnte wie in Abbildung 19 gezeigt aufgebaut sein. Bei dieser Verbuchungsart stehen auf den Aufwandkonten am Monatsende die Netto-Aufwendungen für Löhne, Gehälter und Sozialleistungen, auf den Schuldenkonten die netto an die Sozialversicherer abzuliefernden Beträge und auf den Mitarbeiterkonten die Netto-Guthaben der Mitarbeiter. In einem weiteren Sammelbeleg wären dann die effektiv erfolgten Auszahlungen zusammenzufassen (s. Abbildung 20):

Mit Hilfe von Sammelbuchungen entfällt die Notwendigkeit, für jeden Mitarbeiter im Hauptbuch ein Konto führen zu müssen. Die statistischen Angaben, die Personaldaten sowie die Details zu den Lohn- und Gehaltszahlungen und den entsprechenden Abzügen müssen in jedem Fall im vorgelagerten System der Lohnadministration erfasst werden. Dort kann auch geprüft werden, ob alle Berechnungen korrekt durchgeführt wurden, ob die Zahlungen an die Vorsorgeeinrichtungen richtig abgegrenzt und gemeldet wurden und ob die Lohnausweise vollständig ausgefüllt wurden.

| Pos | Beleg-nummer | Beleg-datum | Soll-konto | Haben-konto | Text | Betrag |
|---|---|---|---|---|---|---|
| 1 | 1111 | 310101 | Löhne | Mitarbeiter-konten | Löhne vergangener Monat | 88'000.– |
| 2 | | | Gehälter | Mitarbeiter-konten | Gehälter vergangner Monat | 32'000.– |
| 3 | | | AHV-Aufwand | Kreditor AHV | Arbeitgeberanteil AHV des Monats | 6'060.– |
| 4 | | | ALV-Aufwand | Kreditor AHV | ALV Arbeitgeberanteil | 240.– |
| 5 | | | Mitarbeiter-konten | Kreditor AHV | Arbeitnehmeranteil AHV des Monats | 6'060.– |
| 6 | | | Mitarbeiter-konten | Kreditor AHV | Arbeitnehmeranteil ALV | 240.– |

Abb. 19 *Sammelbeleg für Lohnabrechnung*

| Pos | Beleg-nummer | Beleg-datum | Soll-konto | Haben-konto | Text | Betrag |
|---|---|---|---|---|---|---|
| 1 | 1112 | 250101 | Mitarbeiter-konten | Bank A | Lohnzahlung für Januar | 76'000.– |
| 2 | | | Mitarbeiter-konten | Bank B | Lohnzahlung für Januar | 22'000.– |
| 3 | | | Mitarbeiter-konten | Kassa | Barzahlungen Lohn Januar | 6'400.– |
| 4 | | | Kreditor AHV | Postcheck | Akontoüberweisung für Januar | 15'120.– |

Abb. 20 *Sammelbeleg für Lohnauszahlungen*

### 1.2.6 Anlagenbuchhaltung

Anlagenbuchhaltung ist heute ein Sammelbegriff für alle Arbeiten, die mit der Verwaltung, der Werterhaltung und -bemessung sowie der Dokumentation von Maschinen, Einrichtungen und übrigen Anlagen zusammenhängen. Im einzelnen werden darunter folgende Aufgaben verstanden:

- Inventarisierung sämtlicher Anlagen,
- Führung von Anschaffungs-, Tages- oder Wiederbeschaffungs- und Versicherungswert pro Anlageneinheit,
- Bestimmung und Fortschreibung der steuerlich zulässigen Abschreibungen (Steuerbilanz),
- Bestimmung und Fortschreibung der betrieblich notwendigen kalkulatorischen Abschreibungen,
- Erfassung der Neuzugänge und der Abgänge,
- Bestimmung der Restbuchwerte,
- eventuell Dokumentation über die Entwicklung der Unterhalts- und Reparaturkosten sowie der Revisionen im Zeitablauf (ebenfalls pro Anlagengut),
- eventuell Fortschreibung der von den Anlagen erbrachten Leistungen und Betriebsstunden,
- Angaben über Leistungsdaten von Maschinen.

In der Praxis wird die Verbindung zwischen Hauptbuchhaltung und Anlagenbuchhaltung selten direkt aufgebaut. Das kommt daher, dass die Anlagenbuchhaltung meist in tabellarischer Form (bzw. in einer Kartei) geführt wird und nicht nach dem System der doppelten Buchführung. Zugänge von ausserhalb des Unternehmens werden demzufolge einmal in der Kreditorenbuchhaltung gebucht und einmal in der Anlagenbuchhaltung erfasst (Abbildung 21).

| *Kreditorenbuchhaltung* | | | | | |
|---|---|---|---|---|---|
| Beleg-nummer | Beleg-datum | Soll-konto | Haben-konto | Text | Betrag |
| 2222 | 15.02.01 | Anlagen | Kreditor | Beschaffung Kragenautomat | 420'000.– |

| *Anlagenbuchhaltung* | |
|---|---|
| Anlagennummer | 082213 |
| Anschaffungsdatum | 15.02.01 |
| Anschaffungswert | 420'000.– |
| Lieferant | Int. Tessuti Modena |
| geplante Nutzungsdauer | 5 Jahre |
| steuerlich zulässige Abschreibung p. a. in Prozent | 33 $^1/_3$ % |
| kalkulatorische Abschreibung fix p. a. in Prozent | 20 % |
| Beschreibung | Kragenautomat, vollautomischer Typ 4388 |

Abb. 21 *Datenerfassung in Anlagen- und Kreditorenbuchhaltung*

Auf den Hauptbuchkonten für Anlagen ändert sich somit im Laufe einer Geschäftsjahres nur dann etwas, wenn Neuzugänge oder Abgänge zu verbuchen sind. Die für die Erfolgsermittlung massgeblichen Anlagenbuchungen werden jedoch zuerst in der Anlagenbuchhaltung aufbereitet. Dabei entstehen die Belege für:

- steuerlich zulässige Abschreibung der Anlagen im Geschäftsjahr
  Buchungssatz: Abschreibungsaufwand – Anlagenbestand
- Aktivierung von selbst erstellten Anlagengütern oder Teilen davon
  Buchungssatz: Anlagenbestand – Eigenleistung (Ertragskonto)
- Eigenleistungen werden üblicherweise zu den Herstellkosten bewertet und verbucht. Zu ihrer Bestimmung wird eine Nachkalkulation benötigt.

Diese Belege werden normalerweise einmal jährlich im Hauptbuch erfasst und führen zum Ausweis der neuen Restbuchwerte aller Anlagengüter.

### 1.2.7 Buchungssysteme und Datenflüsse für das finanzielle Rechnungswesen

Im Sinne einer Gesamtübersicht werden die Datenflüsse zwischen den verschiedenen behandelten Hilfsbuchhaltungen und der Hauptbuchhaltung kurz rekapituliert:

Fakturierung → Hauptbuchhaltung

Verdichtete Übergabe der Ertrags- und Ertragsminderungswerte und der Debitorenzunahme via Fakturaausgangsjournal an das Hauptbuch in regelmässigen Abständen. (Das Modul Auftragsbearbeitung wird hier erwähnt, weil in ihm die für die Fakturierung bestimmenden Daten oft erstmalig erfasst werden.)

Fakturierung → Debitorenbuchhaltung

Übergabe der Fakturaausgänge sowie eventueller Gutschriften pro Debitor an die Debitorenbuchhaltung (Sollstellung).

Debitorenbuchhaltung → Hauptbuchhaltung

Verdichtung der Veränderung der Geldkonten und des Debitorensammelkontos gemäss Zahlungseingängen von den Kunden zur Kontoanpassung im Hauptbuch.

Kreditorenbuchhaltung → Hauptbuchhaltung

Schnittstelle zur Verbuchung des Aufwands aus Fremdleistungen und -lieferungen im Hauptbuch, sowie der sich durch Rechnungseingang und Zahlungsausgang ergebenden Veränderungen der Geldkonten und des Kreditorensammelkontos.

Kreditorenbuchhaltung → Materialbuchhaltung

Da die Wareneingänge in die Lagerbuchhaltung oft mengenmässig zu erfassen sind, bevor die Rechnung des Lieferanten verfügbar ist, sind nachträglich über diese Schnittstelle noch die Ist-Einstandswerte nachzuführen.

Materialbuchhaltung → Hauptbuchhaltung

Bestandswerte werden im Hauptbuch jeweils nur auf einen Abschluss hin angepasst. Die dazu notwendigen Buchungssätze kommen aus der Materialbuchhaltung gemäss Kontoführung oder gemäss Inventaraufnahme sowie unter Beachtung der geltenden Niederstwerte. Im Hauptbuch werden einerseits die Bestandswerte und anderseits die Aufwandkonten angepasst.

Lohn und Gehalt → Hauptbuchhaltung

Die Einzelheiten der Lohn- und Gehaltsabrechnungen sowie der Zahlungen an die Mitarbeiter werden als Sammelbuchungen verdichtet an das Hauptbuch übergeben. Im Hauptbuch werden die entsprechenden Aufwandkonten, die Geldkonten und die Abrechnungskonten mit den Sozialversicherungen nachgeführt.

Anlagenbuchhaltung → Hauptbuchhaltung

Verdichtete Übergabe der Veränderung der Konten des Anlagenvermögens und des Abschreibungsaufwands aus Zugängen, Abgängen und Abschreibung der Anlagen. Auch diese Buchungen werden nur anlässlich von Bilanzabschlüssen vorgenommen.

Im Hauptbuch selbst werden noch geführt:

- Kassa
- Pauschale Wertberichtigungen auf Warenlager, soweit nicht schon positionsweise in der Materialbuchhaltung vorgenommen,
- Delkredererückstellung (von Forderungen subtrahiert)
- Rückstellungen.

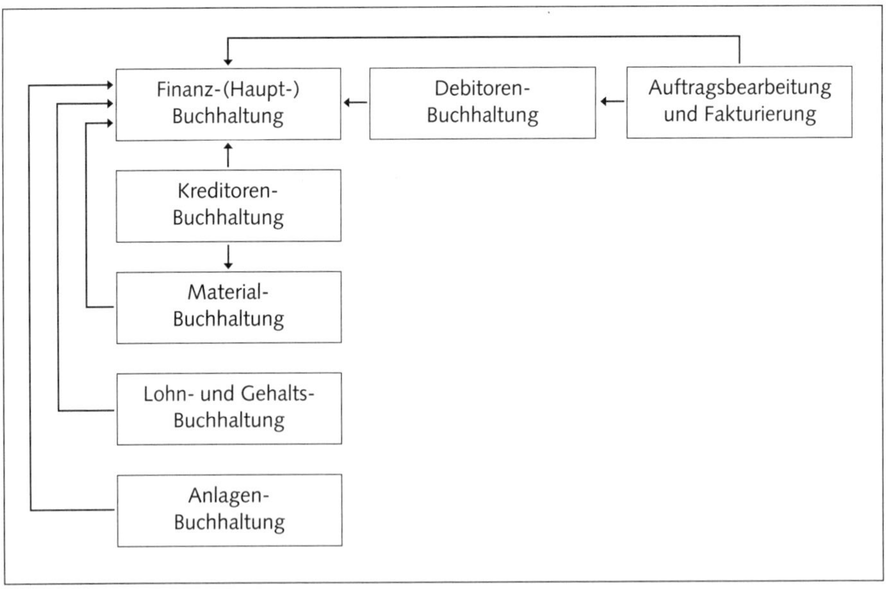


Abb. 22 *Übersicht Buchungssysteme und Datenflüsse für das finanzielle Rechnungswesen*

# 2 Auswertung der Finanzbuchhaltung

## 2.1 Abschlussfragen

### 2.1.1 Probleme der Periodenabgrenzung

Die Bilanz ist eine Zeitpunktbetrachtung: Vermögen und Schulden werden einander zum Bilanzstichtag gegenübergestellt. Die Gewinn- und Verlustrechnung ist eine Zeitraumbetrachtung: Der Gewinn eines bestimmten Zeitabschnittes wird ermittelt. Der Zeitraum zwischen zwei Bilanzstichtagen bzw. der Zeitraum der Gewinn- und Verlustrechnung wird als Abrechnungsperiode bezeichnet; häufig handelt es sich um ein (Kalender-)Jahr, das heisst um die gesetzlich vorgeschriebene Jahresrechnung. Gewinn- und Verlustrechnungen und Bilanzen werden aber oft auch für kürzere Zeitabschnitte vorgelegt (Zwischenabschluss).

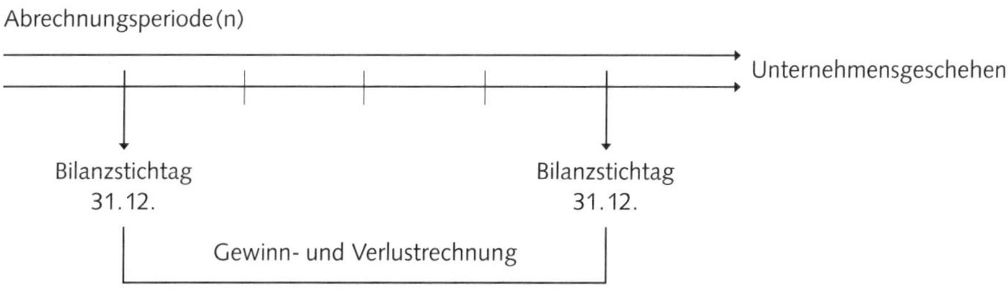


Die Aktivitäten eines Unternehmens sind jedoch nicht auf bestimmte Zeitabschnitte ausgerichtet, sondern auf langfristiges Bestehen. Gebäude werden errichtet, die mindestens vierzig Jahre benutzt werden sollen. Maschinen werden angeschafft, die fünf bis zehn Jahre im Einsatz bleiben sollen, etc.

Eine genaue Ermittlung des tatsächlichen Unternehmenserfolges wäre erst am Ende der gesamten Lebensdauer des Unternehmens möglich. Nach Liquidation des gesamten Vermögens sowie nach Rückzahlung der Schulden (Fremd- und Eigenkapital) würde sich der Gesamterfolg des Unternehmens als Überschuss oder Fehlbetrag ergeben.

Die Unternehmensleitung, die Eigentümer und weitere Kapitalgeber wollen jedoch laufend und periodisch Informationen über die finanzielle Situation des Unternehmens. Daher sind relativ kurze Abrechnungsperioden erforderlich.

Die künstliche Aufteilung des Unternehmensgeschehens in Abrechnungsperioden bringt Abgrenzungsprobleme mit sich. So lässt sich der Periodenerfolg nie ganz genau berechnen, weil die periodengerechte Aufwands- und Ertragsermittlung mit Annahmen und Schätzungen verbunden ist. Eines dieser Probleme ist der Abschreibungsaufwand. Er basiert auf Annahmen über die Lebensdauer der Güter und hängt von der Wahl der Abschreibungsmethode ab. Weitere Probleme der periodengerechten Aufwandsermittlung sind beispielsweise der Schulungsaufwand oder der Werbeaufwand: Die eine Periode wird mit dem Aufwand belastet und spätere Perioden haben den Erfolg aus diesen Anstrengungen.

Auf der Ertragsseite fehlt häufig die zeitliche Übereinstimmung von Leistungserbringung und Ertragswirksamkeit; der Aufwand entsteht in der Vorperiode, der Ertrag jedoch erst in der Folgeperiode, da erst nach Abschluss der Arbeiten fakturiert werden kann.

In Bezug auf die Bestandsrechnung oder Bilanzierung wirft die Abrechnungsperiode zusätzliche Fragen der Inventarisierung sowie der Bewertung von Vermögen und Verbindlichkeiten des Unternehmens auf (zum Beispiel Bewertung der Materialvorräte, Bildung von Rückstellungen für künftige Schadenfälle aus Garantieleistung).

| | | |
|---|---|---|
| Bilanz | = | Zeitpunktbetrachtung |
| Gewinn- und Verlustrechnung | = | Zeitraumbetrachtung |

### 2.1.2 Bilanzierung und Rechnungsausweis

Zweck der Bilanzierung ist die Vermögensfeststellung und die Erfolgsermittlung. Die Unternehmensleitung benötigt diese Daten zur Überwachung der finanziellen Lage des Unternehmens, und der Fiskus ist an Bemessungsgrundlagen für die Besteuerung interessiert. Die Eigentümer und Fremdkapitalgeber erwarten Aussagen über die Sicherheit ihrer Kapitalanlage und die Ertragskraft des Unternehmens. Auch die Lieferanten, Kunden, Mitarbeiter und die Öffentlichkeit werden mehr und mehr über die Ergebnisse des Unternehmens informiert.

Art und Form der Rechnungslegung hängen von ihrer Zweckbestimmung ab. Während unterjährige Rechnungsausweise (Zwischenbilanzen und kurzfristige Erfolgsrechnungen) meistens interne Führungshilfsmittel darstellen, werden Jahresrechnungen zusätzlich auf die Bedürfnisse von unternehmensexternen Kreisen und Mitarbeitern ausgerichtet.

Bilanz und GuV bauen auf Bewertungen auf. Solche Bewertungen fallen nun je nach der vorliegenden Zweckbestimmung unterschiedlich aus:

- Interne oder betriebswirtschaftliche Bilanzen und Gewinn- und Verlustrechnungen verfolgen den Zweck, der Unternehmensleitung ein möglichst objektives Bild zu vermitteln, um Kontroll- und Entscheidungsfunktionen ausüben zu können.
- Bei externen Rechnungsausweisen, die sich primär an die Kapitalgeber und an die Öffentlichkeit richten, soll die wirtschaftliche Situation des Unternehmens keinesfalls besser dargestellt werden, als sie ist. Dieser Schutzgedanke ergibt sich aus dem Prinzip der Bilanzvorsicht. Das Vorsichtsprinzip für Aktiven: Der Höchstwert ist der Tageswert zum Bilanzstichtag. Bei Kapitalgesellschaften sind die Vermögenswerte höchstens zum Anschaffungs- bzw. Herstellungswert abzüglich der Abschreibungen anzusetzen. Bei niedrigerem Tageswert ist dieser zu nehmen (Niederstwertprinzip).
- Da das Unternehmen den Höchstwert unterschreiten darf, entstehen stille Reserven. Diese entstehen durch Unterbewertung von Aktiven (zum Beispiel überhöhte Abschreibungen auf Vorräten und Anlagen), oder durch Überbewertung von Passiven (zum Beispiel übersetzte Rückstellungen für Schadenfälle). Stille Reserven entstehen auch durch nicht ausgewiesene Vermögensteile oder durch Aufführen fiktiver Passiven. Letzteres widerspricht im Gegensatz zu bilanziellen Unter- bzw. Überbewertungen jedoch dem Prinzip der Bilanzwahrheit.

- Nach dem Prinzip der Bilanzklarheit sind die verschiedenen Vermögensteile und Verbindlichkeiten sauber zu trennen (keine gegenseitigen Verrechnungen) und zu gliedern.
- Bei Steuerabschlüssen versucht das Unternehmen, alle legalen Möglichkeiten bei der Bewertung auszunutzen, um Steuern zu sparen. Die Steuerbehörde versucht ihrerseits, zu tief angesetzte Aktiven aufzuwerten und gewinnmindernde Aufwendungen zu korrigieren. Dadurch werden stille Reserven aufgelöst: der zu versteuernde Gewinn ist höher als der in externen Bilanzen (Handelsbilanz) ausgewiesene Gewinn.

Der Zweck von Bilanz und GuV-Rechnung ist die Feststellung der Vermögens-, Schuld- und Beteiligungsverhältnisse sowie die Ermittlung des Erfolges. Bilanz und GuV-Rechnung basieren auf Bewertungen. Bewertungsunterschiede ergeben sich vor allem zwischen der internen und der nach aussen gerichteten Rechnungslegung.

Grundsätze der Bilanzierung:
- Bilanzvorsicht
- Bilanzwahrheit
- Bilanzklarheit

## 2.2 Auswertung von Bilanz und GuV

In unseren bisherigen Ausführungen konzentrierten wir uns auf die Aufgaben des finanziellen Rechnungswesens, insbesondere auf die Technik der Buchführung. Diese Beschreibungen sind eine wesentliche Grundlage für das Verständnis der buchhalterischen Tätigkeiten, die Abschlussarbeiten und den Umgang mit der Bilanz und der GuV. Denn nur wer weiss, wie die im Jahresabschluss ausgewiesenen Zahlen zustandegekommen sind, ist auch in der Lage, ihre Aussagekraft zu erkennen und die Auswertungen kompetent zu interpretieren.

Bezüglich Interpretation von Bilanz und GuV besteht eine reichhaltige Literatur. Deshalb beschränken wir uns in der Folge auf die Erläuterung einiger besonders wichtiger Kennzahlen, die in Verbindung mit den verschiedenen Arten von Auswertungen stehen. Zuvor bedarf es einiger Ausführungen über den Zweck von Bilanz und GuV.

### 2.2.1 Darstellungsformen

Ausgangspunkt der Auswertungen sind in den meisten Fällen verdichtete Zusammenfassungen von Bilanz- und GuV-Positionen. Diese werden hier nochmals kurz dargestellt.

| | Bilanz | | |
|---|---|---|---|
| | Vermögen | Schulden | |
| Umlaufvermögen<br>UV | Flüssige Mittel<br>Wertschriften<br>Forderungen<br>Vorräte | Kreditoren<br>Bankschulden<br>kurzfristige<br>Rückstellungen | kurzfristiges<br>Fremdkapital<br>KFK |
| Anlagevermögen<br>AV | Mobilien<br>Immobilien<br>Beteiligungen | Hypotheken<br>Darlehen<br>langfr. Rückstellungen | langfristiges<br>Fremdkapital<br>LFK |
| | | Aktienkapital<br>Reserven, Gewinn | Eigenkapital<br>EK |
| | Bilanzsumme | Bilanzsumme | |

Abb. 23 *Grundstruktur der Bilanzpositionen*

Für die GuV-Gliederung sind verschiedene Darstellungen möglich und denkbar:

| Aufwand | Ertrag |
|---|---|
| Materialaufwand<br>Bestandsabnahmen<br>Personalaufwand<br>Fremdleistungsaufwand<br>Kapitalaufwand<br>Abschreibungsaufwand<br>Ertragsteuern<br>Reingewinn<br>GuV-Summe | Umsatz<br>Bestandszunahmen<br>Eigenleistungen |

Abb. 24 *GuV-Gliederung nach Versorgungspartnern (Aussensicht)*

Diese Darstellungsform ist im deutschen Sprachraum üblich. Sie ergibt sich direkt aus der Zusammenstellung der Aufwandkonten, wie sie bei der Belegverarbeitung entstehen. Die Aufwandarten sind hier nach den Versorgungspartnern des Unternehmens gegliedert (Beschaffungsmärkte für Personal, Material, übrige Fremdleistungen, Energie, Kapital). In den angelsächsischen Ländern ist eher die Bruttogewinndarstellung üblich. Dem Ertrag wird (in Stufen) der Aufwand für die verkauften Güter und der Aufwand für die verschiedenen Funktionsbereiche des Unternehmens gegenübergestellt.

| | |
|---|---|
| | Umsatz |
| ./. | Ertragsschmälerungen |
| ./. | Herstellkosten der verkauften Leistungen |
| = | Bruttogewinn |
| ./. | Verkaufs- und Vertriebsaufwand |
| ./. | Forschungs- und Entwicklungsaufwand |
| ./. | Administrationsaufwand |
| = | Betriebsgewinn / -verlust |
| ./. | Zinsen |
| ./. | Ertragsteuern |
| +./. | sonstige Aufwendungen und Erträge |
| = | Reingewinn/Verlust |

Abb. 25 *GuV-Gliederung nach amerikanischer Praxis (grobe Kostenstellengliederung/Innensicht)*

Da man in der Finanzbuchhaltung eine gegebene Bewegung nur in einem Konto verbuchen kann, sind viele Tochtergesellschaften amerikanischer Konzerne gezwungen, ihre Buchhaltung zweimal zu führen, um beide Darstellungsformen richtig zu erhalten.

Zur Ermittlung der Herstellkosten der verkauften Produkte wird im Industriebetrieb eine Kostenträgerrechnung benötigt (vgl. Teil II, 2.3). Die angelsächsische Darstellung ist denn auch eher als eine Sonderform der Kostenstellenrechnung zu bezeichnen, die auf der Erfassung der Aufwendungen nach Funktionsbereichen aufbaut. In der Folge gehen wir aber von der Gliederung nach Versorgungspartnern aus.

### 2.2.2 Externe oder interne Berichterstattung

Die Systematik der doppelten Buchführung, die Gliederung des Kontenplans sowie die Erfassung und die Verbuchung der Bewegungen folgt immer den in den vorangehenden Kapiteln angegebenen Regeln. Je nachdem, ob eine Bilanz und eine GuV für externe oder interne Adressaten erstellt wird, werden die sich ergebenden Daten aber

- anders dargestellt und verdichtet oder
- anders bewertet.

Für die unternehmensexterne Berichterstattung gilt die Regel, nur soviel wie nötig oder gewünscht über die finanzielle und erfolgsmässige Situation des Unternehmens bekanntzugeben (Geheimhaltung). Bei den internen Auswertungen zuhanden der Unternehmensleitung liegt das Hauptgewicht dagegen auf einem möglichst echten und genauen Ausweis des Vermögens, der Schulden und der Erfolgssituation. In der internen Auswertung wird man somit danach trachten, keine stillen Reserven zu bilden, bzw. ihre Bildung oder Auflösung für die Unternehmensführung offenzulegen.

#### *2.2.2.1 Externe Berichterstattung und Publizitätspflicht*

Nach kaufmännischen Grundsätzen geführte Unternehmen unterstehen der Buchführungspflicht und sollen eine Bilanz und eine Gewinn- und Verlustrechnung nach den Regeln des Handelsrechts erstellen. Handelsrechtliche Vorschriften unterscheiden sich in Einzelheiten von Land zu Land. In der Schweiz sind sie im Obligationenrecht zu finden. Ist eine Aktiengesellschaft auch an der Börse kotiert, untersteht sie zudem der Publizitätspflicht und ist verpflichtet, im Geschäftsbericht die Bilanz und die GuV zu veröffentlichen.

Daten aus dem Geschäftsbericht haben für die verschiedenen Interessenten (Stakeholder) unterschiedliche Bedeutung:

- *Aktionäre* interessieren sich für den erwirtschafteten Erfolg, die Höhe der Dividende, die Aktienrendite, die Erfolgsentwicklung und den Wertzuwachs (Shareholder-Value).
- *Gläubiger* (Kreditoren, Banken, Obligationäre) wollen die Sicherheit ihrer Guthaben und die Fähigkeit des Unternehmens beurteilen, ihren Zins- und Rückzahlungsverpflichtungen nachkommen zu können (Liquidität).
- *Mitarbeiter* sind aus der Sicht der Arbeitsplatzerhaltung an der Ertrags- und Finanzkraft des Unternehmens interessiert.
- *Die öffentliche Hand* (vor allem Standortgemeinde) würdigt die Sicherheit der Arbeitsplätze und die zukünftige Entwicklung des Unternehmens (Vermehrung der Arbeitsplätze, Aufträge für das örtliche Gewerbe aufgrund von Investitionen).
- *Die Wirtschaftspresse* wünscht transparente Bilanzen und GuV und aussagekräftige Kommentare zur Erleichterung ihrer publizistischen Tätigkeit.

Das Handelsrecht legt zwar in allen Ländern fest, dass das Vermögen nicht zu hoch und die Schulden nicht zu niedrig ausgewiesen werden dürfen (Bilanzvorsicht), doch ergeben sich durch die Ermessensspielräume, die vor allem bei der Bewertung von Vermögensbestandteilen in mehr oder weniger grossem Ausmass bestehen, viele Gelegenheiten, den Wert und den Gewinn des Unternehmens kleiner als effektiv vorhanden anzugeben. Soweit dies aus steuerrechtlichen Gesichtspunkten legal ist, wird ein Unternehmen auch danach trachten, den Gewinn kleiner anzugeben. Dies wiederum schmälert die Aussagekraft veröffentlichter Bilanzen. Aussenstehende Dritte, denen nur die veröffentlichten Jahresabschlüsse zur Verfügung stehen, haben es deshalb ungleich schwieriger, sich ein hinreichend genaues Urteil über die «wahre» Ertragslage und die «wahre» Vermögens- und Schuldenlage zu machen als unternehmensinterne Betrachter. In wirtschaftlich guten Zeiten wird das Unternehmen dafür besorgt sein, durch Bildung von stillen Reserven Polster anzulegen, die dann in verlustträchtigen Situationen wieder aufgelöst werden können, ohne dass es die Aussenwelt merken muss.

Die Kennzahlen, die für die Analyse benötigt werden, sind sowohl für die interne als auch für die externe Analyse die gleichen; doch ist einleuchtend, dass eine Analyse, die auf den internen Zahlen aufbaut, aussagekräftiger und verlässlicher wird.

#### *2.2.2.2 Aufbereitung für die interne Auswertung*

Damit Bilanzen und Gewinn- und Verlustrechnungen für die Führung erfolgversprechend analysiert werden können, sind verschiedene Voraussetzungen zu schaffen:

- gut gegliederte Bilanz,
- eindeutige Definition der Kontenzusammenfassungen,
- Bereinigung der Rechnung um nicht betriebsnotwendige Elemente,
- Mehrjahresvergleich,
- klare Kontierungs- und Bewertungsregeln.

Bilanz und GuV sollten für die Zwecke der Analyse minimal so gegliedert werden, wie in 2.2.1 gezeigt.

Die in der Bilanz zu findenden Kontengruppen sind wie folgt definiert:

- Dem *Umlaufvermögen* werden jene Aktiven zugeordnet, welche sich kurzfristig (in der Regel innerhalb eines Jahres) umsetzen. Dazu zählen die liquiden Mittel (Kasse, Bank, Postcheck, sofort realisierbare Wertpapiere, Festgelder, Debitoren, Vorräte und Transitorische Aktiven).
- Das *Anlagevermögen* ist in sachliches (Mobilien, Immobilien), finanzielles (Beteiligungen) und immaterielles (Patente, Goodwill) Anlagevermögen zu gliedern.
- Das *Fremdkapital* beinhaltet Verbindlichkeiten gegenüber Dritten. Unerlässlich ist die Unterscheidung zwischen kurzfristigem und langfristigem Fremdkapital. Zum kurzfristigen Fremdkapital zählen Verbindlichkeiten, die innerhalb eines Jahres fällig werden: Lieferanten, übrige Kreditoren, laufende Bankschulden (Kontokorrent: rechtlich sofort kündbar, bei guten Schuldnern de facto längerfristig verfügbar, massgebend ist der rechtliche Aspekt), kurzfristige Rückstellungen, transitorische Passiven. Zum langfristigen Fremdkapital zählen langfristige Darlehen, Hypotheken, Obligationen.
- Beim *Eigenkapital* (Beteiligungskapital) ist wegen der unterschiedlichen Rechtsstruktur zu unterscheiden zwischen vertraglichem Gesellschaftskapital, Stammkapital und Aktienkapital. Zum Eigenkapital zählen ferner die offenen Reserven (gesetzliche, statutarische, offene), aber auch die stillen Reserven

(auch wenn sie in der Bilanz nicht ausgewiesen werden), der Gewinn bzw. der Gewinnvortrag. Ein Verlust, bzw. ein Verlustvortrag, führen zu einer Eigenkapitalminderung.
Nützlich ist auch die Trennung von einbezahltem Kapital (Aktienkapital, Partizipationsscheine, Agio) und selbst erarbeitetem Kapital (Reserven, Gewinn, Gewinnvortrag).

- Die *liquiden Mittel* sind nicht nur als Summe, sondern auch bezüglich ihrer Zusammensetzung aufzulisten (Kasse, Postcheck, Bankguthaben, Festgelder, Wertpapiere).
- Unter den Begriff *Forderungen* fallen Kundenguthaben, Guthaben gegenüber Dritten (zum Beispiel Darlehen an Mitarbeiter, Anzahlungen an Lieferanten, Vorschüsse an Beteiligungsgesellschaften). Auch diese Positionen sollten einzeln aufgeführt werden. Es ist Usus, dass man von den wirklichen Kundenguthaben (gemäss Debitorenbuchhaltung) das Delkredererisiko in der Bilanz direkt abzieht. Das Delkredererisiko ist eine Rückstellung für drohende Forderungsverluste. Diese sind zwar noch nicht eingetreten, könnten aber noch folgen, weil Kunden in Konkurs gehen oder aus anderen Gründen die Forderung nicht begleichen werden. Forderungen sind somit in der Bilanz jeweils eine Nettogrösse.
- *Kreditoren* umfassen die Schulden des Unternehmens, die aus Lieferungen und Leistungen von Dritten entstanden sind und noch nicht bezahlt wurden.
- *Transitorische Aktiven* umfassen Leistungen von Dritten, die erst in der nächsten Periode erbracht werden, aber schon in dieser Periode bezahlt wurden. *Transitorische Passiven* sind das Gegenstück dazu (Leistungen Dritter für die vergangene Periode, die noch nicht bezahlt wurden, zum Beispiel Versicherungsleistungen, die zu spät in Rechnung gestellt wurden.)
- *Rückstellungen* werden für potentielle Verbindlichkeiten gegenüber Dritten gebildet. Potentiell bedeutet dabei, dass weder das Eintreten der Verbindlichkeit noch deren genaue Höhe zur Zeit sicher feststehen. Ist davon auszugehen, dass die potentielle Verbindlichkeit innerhalb eines Jahres zur Zahlung fällig werden wird, sind kurzfristige Rückstellungen zu bilden (zum Beispiel für Ertragsteuern, grössere Reparaturen, Prozessrisiken). Langfristige Rückstellungen werden vor allem für Garantieleistungen, die das bilanzierende Unternehmen eventuell später zu erbringen hat, gemacht.

Seitens der Unternehmensführung besteht ein grosses Interesse, die «wahre» Finanzsituation zu erkennen. Die volle Wahrheit wird nie ganz zu eruieren sein, doch kann mit *Bereinigungsbuchungen* ziemlich nahe daran gelangt werden. Mit der Bereinigung sollen zuerst alle Positionen aus der Bilanz entfernt werden, die nicht direkt mit dem *Betriebszweck* verbunden sind (zum Beispiel Liegenschaften, die nicht zum Betrieb gehören; Beteiligungen an Drittunternehmen, die nicht durch den Betriebszweck gegeben sind; Wertschriften, die zur Führung des Unternehmens nicht nötig sind).

Insoweit schon im Laufe des normalen Geschäftverlaufs stille Reserven gebildet wurden, indem Zugänge niedriger bewertet wurden oder Abgänge höher als effektiv bezahlt, sind diese ebenfalls aufzuwerten.

Zweck der Bilanzbereinigung ist es, dem Management zu zeigen, wieviel Vermögen zur Erzielung des betrieblichen Gewinnes wirklich benötigt wird, wie dieses finanziert ist und wie es sich verzinst. Daraus ergibt sich, dass alle Positionen, die nicht direkt mit dem Zweck verbunden sind, herausgerechnet werden. Es ergibt sich dann in der GuV das operative oder betriebliche Ergebnis und das neutrale Ergebnis. Die Schuldenseite wird entsprechend den Aufwertungen auf der Aktivseite angepasst (Fremdschulden, die für Liegenschaften und Beteiligungen eingegangen wurden, werden herausgerechnet, Aufwertungen von Vermögensbestandteilen führen üblicherweise zu einem höheren Eigenkapital als dem offen ausgewiesenen). Verschiedene Sonderfälle können ebenfalls Anlass zur Bereinigung der internen Rechnung geben. Aus betrieblicher Sicht ist es beispielsweise sinnvoll, Teile von Aufwendungen zu aktivieren (ins Vermögen zu schreiben), um so den Aufwand auf mehrere Jahre zu verteilen:

- aufgelaufene Aufwände für Verkaufskataloge, die über mehrere Jahre Gültigkeit haben,
- Aufwendungen für ausserordentliche Werbeaktionen (zum Beispiel Einführung eines neuen Produktes), deren Erfolgswirkung erst in den folgenden Jahren erwartet wird,
- ausserordentliche Entwicklungsaufwendungen zum Beispiel für Software,
- Aufwendungen für eine Grossreparatur.

Sind für eine aussagekräftige Analyse bereinigte Bilanzen und GuV schon eine wesentliche Voraussetzung, gilt dies ebenso für den *Mehrjahresvergleich*. Das Management kann sich dann am besten ein Bild über die finanzielle Lage des Unternehmens machen, wenn die Verschiebungen und Veränderungen der Bilanz- und GuV-Positionen und die daraus berechneten Kennzahlen im Zeitablauf betrachtet werden. Nicht nur die augenblickliche Situation ist zu beurteilen, sondern die Entwicklung im Laufe des Geschäftsfortganges.

Schliesslich spielt die Qualität der zu den Bilanzen und GuV führenden Buchungen eine ganz massgebliche Rolle für die Richtigkeit der Analyse. Für den Mehrjahresvergleich und für den Vergleich innerhalb von Firmengruppen ist es wichtig, dass die Buchungen immer nach den gleichen Regeln kontiert und die Bestände sowie die Abschreibungen nach den gleichen Regeln bewertet werden. Zu diesem Zweck werden in den Buchhaltungsmanuals der Unternehmen *Kontierungs- und Bewertungsrichtlinien* festgelegt (vgl. auch 1.1.2).

### 2.2.3 Bilanz- und GuV-Analysen

Die systematische Analyse von Bilanz und Gewinn- und Verlustrechnung konzentriert sich auf vier Aussagenbereiche:

- Die Rentabilität des Unternehmens, zu der Begriffe wie Cash Flow und Gewinn gehören,
- die Resultatverwendung, die aufzeigt, wie und wofür das Jahresergebnis verwendet wurde,
- die Stabilität, mittels der über die Veränderung der Finanzierungsstruktur berichtet wird und
- die Liquidität, mittels der die Zahlungsfähigkeit des Unternehmens beurteilt wird.

Ist im Rahmen der Darstellung der GuV der Erfolg noch nicht detailliert gegliedert worden, ist dies hier nachzuholen. Es ist zu unterscheiden zwischen:

- betrieblichem Erfolg aus der operativen Umsatztätigkeit,
- Kapitalerfolg aus Anlagen liquider Mittel,
- Beteiligungserfolg aus beherrschenden Beteiligungen,
- Liegenschaftenerfolg aus nicht betrieblich genutzten Liegenschaften,
- ausserordentlichem Erfolg aus Anlagenverkauf, Abbau von Vorräten (Buchgewinne aus Auflösung stiller Reserven) sowie übrigen, betrieblich nicht relevanten Erfolgen.

In internen Analysen sind der betriebliche Erfolg und der Kapitalerfolg aus Anlage liquider aber betriebsnotwendiger Mittel die relevanten Ausgangsgrössen. In Konzernen/Beteiligungsgesellschaften ist sinngemäss der Beteiligungserfolg die massgebliche Erfolgsgrösse.

### *2.2.3.1 Rentabilitätsanalyse*

Mit der Rentabilitätsanalyse wird untersucht, wie sich die Arbeit, die in der vergangenen Periode (üblicherweise ein Jahr) geleistet wurde, gelohnt hat. Dazu gibt es viele mögliche Kennzahlen, die alle mehr oder weniger miteinander verknüpft sind. Die Zusammenhänge und die Definitionen werden in der Folge erläutert.

*Cash Flow*

Wie der Name sagt, ist der Cash Flow eine Geldflussgrösse, die eigentlich anzeigen sollte, wieviel Geld durch das operative Geschäft netto in die Firmenkasse zurückgeflossen ist. Da man aber das Geld nicht in der Kasse liegen lässt, sondern es gleich wieder einsetzt, lässt sich der Cash Flow nur ausnahmsweise als Veränderung des Kassabestands ablesen. Zudem kann man Liquidität – je nach Auswertungszweck – unterschiedlich definieren. Die Ausgangswerte für die Bestimmung des Cash Flow finden sich aber zuerst immer in der GuV:

| Gewinn- und Verlustrechnung der Tritex AG | |
|---|---|
| Nettoumsatz | 15'871 |
| Materialaufwand | 6'627 |
| Bestandsabnahme Rohstoffe, Halb- und Fertigprodukte | 520 |
| Personalaufwand | 3'465 |
| Fremdleistungsaufwand | 1'000 |
| Übriger Sachaufwand | 1'193 |
| Freiwillige Zuwendungen | 80 |
| Cash Flow vor Zinsen und vor Steuern (CFBIT) | 2'986 |

Wird ein Subtotal in der GuV vor dem Abzug von bezahlten Fremdzinsen und Ertragsteuern gebildet, erhält man den Cash Flow vor Zinsen und vor Steuern CFBIT (Cash Flow Before Interest and Taxes). Da der CFBIT gemessen wird, bevor Abschreibungen, die von Unternehmen zu Unternehmen verschieden hoch festgelegt werden, noch Steuern und Zinsen, die landesspezifisch bestimmt werden, abgezogen werden, kann die Kennzahl sehr gut zur Beurteilung der finanziellen Leistung des Management eingesetzt werden. Der CFBIT setzt sich denn auch immer mehr als Leistungsmassstab für Geschäftsleitungen durch, die zwar wohl Ertrag und Aufwand verantworten können, aber keinen direkten Einfluss auf die anzuwendenden Abschreibungsregeln und auf die Finanzierungsstruktur ihres Unternehmens haben.

Werden vom CFBIT auch noch die Zinsen und die Ertragsteuern abgezogen, resultiert der eigentliche Cash Flow, der aber exakterweise als Brutto-Cash Flow zu bezeichnen ist.

(Brutto-) Cash Flow = liquiditätswirksamer Ertrag
– liquiditätswirksamer Aufwand

Da in einfachen Fällen kaum andere nicht liquiditätswirksame Positionen vorkommen als die Abschreibungen und der verbleibende Reingewinn, wird Cash Flow oft vereinfachend definiert als Reingewinn + Abschreibungen (so genannte Praktikermethode). Die Verwendung dieser Definition sollte aber vermieden werden, weil sie den Blick auf die Entstehung des Cash Flow als Rest-Liquiditätsgrösse verwehrt.

Durch Gegenüberstellung der liquiditätswirksamen Erträge und der liquiditätswirksamen Aufwendungen wird als Differenzgrösse der Liquiditätszufluss aus dem operativen Prozess ersichtlich. Liquiditätswirksam sind auf der Ertragsseite die Umsätze und die Zinserträge aus dem operativen Geschäft, auf der Aufwandseite alle Positionen, die direkt zu Geldausgaben führen, also Personal-, Material- und Fremdleistungsaufwand. Buchhaltungstechnisch kann man somit cash flow-wirksame Buchungen als solche definieren, die auf der einen Seite die Gewinn- und Verlustrechnung verändern und auf der anderen Seite das Nettoumlaufvermögen (Flüssige Mittel, Forderungen, Vorräte oder kurzfristige Schulden) verändern.

Als nicht liquiditätswirksame Erträge und Aufwendungen sind – der Definition entsprechend – GuV-Positionen zu betrachten, die zu einer Veränderung des Anlagevermögens oder der langfristigen Schulden führen, aber eben keine direkte Geldausgabe zur Folge haben. Dazu zählen bei den Erträgen Eigenleistungen für die Erstellung von eigenen Anlagengütern oder die Auflösung von langfristigen Rückstellungen, die nicht mehr benötigt werden. Zu den nicht liquiditätswirksamen Aufwendungen sind vor allem die Abschreibungen zu zählen (die Ausgabe wurde ja schon zum Zeitpunkt der Investition getätigt), sowie die Bildung langfristiger Rückstellungen. Alle diese GuV-Positionen führen zwar nicht zu Geldabflüssen, vermindern aber den Gewinn der Periode.

Werden vom Brutto-Cash Flow noch die Geldabflüsse abgezogen, welche anlässlich der Gewinnverteilung beschlossen werden, nämlich die Ausschüttung an die Eigenkapitalgeber (Dividende) und an weitere Empfänger von Teilen des Gewinns (Personalfürsorgestiftung, Vereine und ähnliches), verbleibt der Netto-Cash Flow, das heisst der reine Geldzufluss aus dem operativen Geschäft des Jahres, über den das Unternehmen zur Finanzierung seiner zukünftigen Aktivitäten verfügen kann. Der Netto-Cash Flow bildet für den Finanzchef des Unternehmens die Grundlage für die mittelfristige Finanzierungsplanung, da er ja dieses Geld nicht mehr von Banken beschaffen muss.

| Geldflussbetrachtung | |
|---|---|
| CFBIT | 2'986 |
| – Fremdzinsen | 630 |
| – Steuern | 336 |
| = (Brutto-) Cash Flow | 2'020 |
| – Ausschüttungen (Dividende) | 400 |
| = Netto-Cash Flow | 1'620 |
| + Ausschüttungen | 400 |
| + Fremdzinsen | 630 |
| – Zunahme Debitoren | 200 |
| – Zunahme Vorräte | – 7 |
| + Zunahme Kreditoren | 83 |
| – netto langfristige Investition | 410 |
| = Free Cash Flow | 2'130 |

Will man eine langfristige, das heisst mehrjährige Betrachtung anstellen, lohnt es sich, auch die Kennzahl Free Cash Flow zu berechnen: Mit dem Free Cash Flow soll gezeigt werden, ob das Unternehmen in der Lage ist, wirklich bares Geld freizulegen, das man an alle Kapitalgeber ausschütten kann. Man achtet somit noch nicht darauf, ob das Geld an Fremdkapital- oder an Eigenkapitalgeber ausgeschüttet wird. Deshalb sind zum Netto-Cash Flow zuerst die Fremdzinsen und die Ausschüttungen wieder dazuzuzählen. Damit sind alle möglichen Positionen der

GuV berücksichtigt. Geldabfluss kann aber auch entstehen, weil die Forderungen oder die Vorräte zunehmen, was vor allem dann geschieht, wenn der Umsatz des Unternehmens wächst. Mehr Umsatz führt zu mehr Einkäufen und dadurch auch zu höheren Kreditorenbeständen, also einer Position, die noch nicht zu Geldabfluss geführt hat. Deshalb sind zur Ermittlung des Free Cash Flow auch die Veränderungen der Debitoren-, Vorrats- und Kreditorenbestände zum Vorjahr einzuberechnen.

Die netto-langfristigen Investitionen des Jahres sind die Saldogrösse aus Investition und Devestition. Beispiel:

| | | |
|---|---|---|
| | Investition in ein neues Gebäude | 1'000 |
| – | Liquidation einer alten Anlage | 590 |
| = | Netto-langfristige Investition | 410 |

Der Free Cash Flow berücksichtigt somit sämtliche denkbaren Geldabflüsse aus einem Unternehmen und kann anzeigen, ob das Unternehmen eine laufende Geldzufuhr benötigt, wie es vor allem stark wachsenden Unternehmen widerfährt (obwohl sie hochrentabel sein können) oder Bargeld freilegt, welches für eine marktgerechte Verzinsung verwendet werden kann.

Daraus kann man schliessen, dass die kumulierten Free Cash Flows mittelfristig positiv sein müssen. Auch wenn in einzelnen Jahren grosse Erneuerungs- oder Erweiterungsinvestitionen anstehen, sollte das Unternehmen in der Lage sein, das für die Bedienung des Kapitals notwendige Bargeld zu generieren. Gelingt dies nicht, sind die Eigenkapitalgeber gezwungen, durch Kapitalerhöhungen laufend neue Mittel einzuschiessen.

Die Free Cash Flows werden, weil sie angeben, wieviel bares Geld zur Bedienung des zinskostenden Kapitals erarbeitet wird, zur Berechnung des Shareholder Value verwendet (hier nicht behandelt).

| Gewinnbetrachtung | | |
|---|---|---|
| CFBIT<br>– Abschreibungen<br>– übriger nicht liquiditätswirksamer Aufwand/Ertrag,<br>zum Beispiel Erhöhung Rückstellung für Personalfürsorge-Stiftung | | 2'986<br>1'040<br><br>70 |
| = Gewinn vor Steuern und Zinsen | (EBIT) | 1'876 |
| – Fremdzinsen | | 630 |
| = Gewinn vor Steuern | (EBT) | 1'246 |
| – Steuern | | 336 |
| = Reingewinn | | 910 |
| – Ausschüttungen | | 400 |
| = Reservenzuweisung/Gewinnvortrag | | 510 |

Abb. 26 *Übersicht über die Cash Flow- und Gewinngrössen*

*Gewinngrössen*

Geht man erneut vom CFBIT aus, berücksichtigt nun aber zuerst die nicht liquiditätswirksamen Erträge und Aufwendungen, entsteht der Gewinn vor Abzug von Fremdzinsen und Ertragsteuern EBIT (Earnings Before Interest and Taxes). Diese Kennzahl wird zur Beurteilung der Ertragskraft eines Unternehmens herangezogen.

Werden vom EBIT die bezahlten Fremdzinsen abgezogen, entsteht der Gewinn vor Steuern EBT (Earnings Before Taxes), der zur Bemessung des Ertragsteuervolumens benötigt wird. Nach Abzug dieser Steuern resultiert schliesslich der Reingewinn (Profit), über dessen Verwendung die Versammlung der Eigenkapitalgeber (Aktionäre) beschliessen kann.

*Rentabilitätsbeurteilung*

Aus der Sicht der Eigenkapitalgeber (Aktionäre) ist es interessant zu wissen, wie gut sich der von ihnen investierte Wert verzinst hat. Sie beurteilen die Rentabilität deshalb nach der Eigenkapitalrentabilität ROE (Return On Equity), indem sie den Reingewinn dem Eigenkapital gegenüberstellen, das zu Beginn der Periode bestanden hat.

Eigenkapitalrentabilität

$$= \frac{\text{Reingewinn (nach Zinsen und nach Steuern)}}{\text{Eigenkapital zu Jahresbeginn}} \times 100$$

Führungskräfte, die die Schuldenseite der Bilanz (das heisst die Finanzierungsstruktur) nicht selbst beeinflussen können, möchten aber lieber am Gewinn vor Abzug von Steuern und von Zinsen gemessen und verglichen werden. Denn für das Steuergesetz im Land in dem sie arbeiten, können sie nichts. Ebensowenig können sie das in einem Land herrschende Zinsniveau für die Fremdzinsen beeinflussen. Das Zinsniveau ist aber neben anderen Faktoren auch dafür zuständig, welcher Anteil der Finanzierung mit Eigenkapital zu bewerkstelligen ist und welcher Teil mit Fremdkapital. Sie achten deshalb auf den ROI Return On Investment, auch Gesamtkapitalrentabilität genannt.

Return On Investment (ROI)

$$= \frac{\text{Gewinn vor Zinsen und vor Steuern)}}{\text{investiertes Vermögen (Gesamtkapital)}} \times 100$$

Als investiertes Vermögen sollte der Jahresdurchschnitt angesetzt werden.
Zum Vereinfachen wird jedoch oft der Endjahresbestand verwendet.

Als Manager kann man wiederum durch Manipulation des Abschreibungsvolumens (Festlegung höherer oder niedriger Abschreibungssätze oder Verschiebung von Investitionen und damit von Abschreibungsbedarf) den Gewinn vor Steuern und Zinsen EBIT beeinflussen. Besteht somit keine eindeutige Abschreibungsregelung für das Unternehmen, empfiehlt es sich eher, den CFBIT als den EBIT zur Beurteilung der Managementleistung heranzuziehen.

Zur Rentabilitätsbeurteilung können aber auch viele weitere Kennzahlen herangezogen werden, die sich aus den oben genannten ableiten lassen.

Wird beispielsweise die ROI-Formel um den (Netto-)Umsatz erweitert, entstehen zwei weitere Kennzahlen, die für die Unternehmenssteuerung von Interesse sind, nämlich die Umsatzrentabilität ROS (Return On Sales) und die Kapitalumschlagshäufigkeit.

Return On Sales (ROS)

$$= \frac{\text{Gewinn vor Zinsen und vor Steuern}}{\text{(Netto-)Umsatz}} \times 100$$

Kapitalumschlagshäufigkeit

$$= \frac{\text{(Netto-)Umsatz}}{\text{investiertes Vermögen}}$$

Soll der ROI verbessert werden, lässt sich aus dieser Formel schliessen, dass dies entweder durch die Erhöhung der Umsatzrentabilität oder durch die Steigerung der Kapitalumschlagshäufigkeit geschehen muss. Im ersten Fall kann dies durch Senkung des Aufwands (Kostensenkung) oder durch Erhöhung des Umsatzes (Absatzmengen oder Verkaufspreise) erfolgen. Im zweiten Fall ist zu versuchen, die zur Erzielung des Umsatzes notwendigen Vermögensteile (vor allem Debitoren- und Lagerbestand benötigte Anlagen) zu senken. Diese Hinweise zeigen, dass der ROI eigentlich die Spitze eines ganzen Kennzahlensystems ist, das sich bis in die Einzelheiten des Geschäftsprozesses verfeinern lässt (vgl. Siegwart 1998, S. 38ff.).

Auch aus Sicht der Fremdkapitalgeber können aus den Rentabilitätsgrössen wesentliche Rückschlüsse gezogen werden. So berechnen Banken den effektiven Verschuldungsfaktor, indem sie fragen, wieviele Jahre der Brutto-Cash Flow verdient werden müsste, um die Nettoschulden zurückzuzahlen.

Effektiver Verschuldungsfaktor

$$= \frac{\text{Fremdkapital – flüssige Mittel – Debitoren}}{\text{Brutto-Cash flow}}$$

Bei der Ermittlung dieser Kennzahl geht man von der Idealvorstellung aus, dass das Unternehmen den Cash Flow nicht für die Finanzierung neuer Investitionen benötigt und auch keine Ausschüttungen tätigt.

Zur Berechnung der Rentabilitätszahlen sollten ebenfalls aussagekräftige Bilanzsummen herangezogen werden. Richtig wäre es, für die ROI-Berechnung das durchschnittlich während eines Jahres gebundene betriebsnotwendige Vermögen zu verwenden. Näherungsweise gelangt man zu dieser Grösse, indem folgender Durchschnitt gebildet wird.

$$\frac{\text{Bilanzsumme zu Jahresbeginn + Bilanzsumme am Jahresende}}{2}$$

Zur Beurteilung der Rentabilitätskennzahlen wird immer wieder versucht, Richtgrössen zu bilden. Dies ist aber wegen unterschiedlicher Wettbewerbsverhältnisse und verschiedenen Branchenstrukturen kaum möglich. Als «Faustregeln» haben sich durchgesetzt:

Eigenkapitalrentabilität:
Fremdkapitalzins mal Risikozuschlag
zum Beispiel 10 % x 1,5 = 15 %

Return On Investment:

| | | |
|---|---|---|
| FK-Anteil x Fremdkapitalzins | = 60 % x 10 % | = 6 % |
| + EK-Anteil x gewünschte EK-Rentabilität | = 40 % x 15 % | = 6 % |
| + Ertragsteuern, die auf den Gewinn vor Steuern zu bezahlen sind | | 2 % |
| | | = 14 % |

*Resultatverwendung*

Der Reingewinn kann für die Ausschüttung von Zuwendungen an unterschiedliche Institutionen oder von Dividenden verwendet werden oder im Unternehmen als Reserven zurückbehalten werden. Reservenbildung wie Dividendenzahlung dienen der Existenzsicherung des Unternehmens. Mit der Dividende soll das Interesse der Eigenkapitalgeber gewahrt werden, ihre Investition in das Unternehmen aufrechtzuerhalten oder – wenn nötig – noch mehr Eigenkapital einzuschiessen. Mit der Reservenbildung versucht das Unternehmen, sein eigenes Wachstum, das sich ja auch in einer laufenden Vergrösserung der Bilanzsumme manifestiert, mindestens zum Teil zu finanzieren. Demzufolge empfiehlt es sich, den Ausschüttungsgrad oder den Anteil der Dividenden am Reingewinn zu verfolgen.

Bevor diese Gewinnverteilungsanalyse angegangen werden kann, ist jedoch festzulegen, wie der relevante Reingewinn zu bestimmen ist. Der Brutto-Cash Flow ist wie gezeigt eine wenig manipulierbare Grösse. Der Reingewinn wird aber grösser oder kleiner, je nachdem wie die Abschreibungen festgelegt werden. Abschreibungen dienen der Substanzerhaltung. Sie belasten die GuV für den Gegenwert des Verbrauchs (Abnutzung) der Anlagengüter des Unternehmens. Dadurch wird erkennbar, dass über die Bestimmung der Nutzungsdauer eines Anlagengutes oder über den Wertansatz für dieses Gut (Anschaffungs- oder Wiederbeschaffungswert) ein grösserer Ermessensspielraum für die Fixierung der Abschreibungswerte entsteht. Es ist auch einfach einzusehen, dass eine Kapitalgebergruppe, die vor allem an Ausschüttungen interessiert ist, niedrigere Abschreibungsbeiträge und niedrige Reservenzuweisungen bewilligen wird, was sowohl die Substanzerhaltung als auch die zukünftige Existenz des Unternehmens gefährden kann. Es empfiehlt sich deshalb, die Abschreibungsrichtlinien für ein Unternehmen in einem Controller-Manual oder in einer Bewertungsrichtlinie zu fixieren, sodass ihnen schon bei der Erstellung des Abschlusses Rechnung getragen wird.

### *2.2.3.2 Stabilitätsanalyse*

Aus der Sicht der Fremdkapitalgeber ist das Eigenkapital das Risikokapital. Erleidet das Unternehmen Verluste, werden diese mit den vorhandenen Reserven und im Notfall auch mit dem Aktienkapital verrechnet, bis das gesamte Eigenkapital verschwunden ist. Die Forderungen der Fremdkapitalgeber bleiben jedoch zur Gänze bestehen. Umso höher der Eigenkapitalanteil an der Bilanzsumme ist (der Eigenfinanzierungsgrad), desto sicherer sind also die Fremdkapitalgeber, dass sie ihre eigene Forderung in voller Höhe erstattet erhalten werden.

Eigenfinanzierungsgrad (Eigenkapitalquote)

$$= \frac{\text{Eigenkapital}}{\text{Bilanzsumme}} \times 100$$

Es ist verständlich, dass vor allem Banken Vorstellungen bezüglich «guter» Eigenfinanzierungsgrade entwickeln. Diese Vorstellungen sind aber einerseits von der Branche und andererseits vom jeweiligen Land abhängig. In der Schweiz wird ein Eigenfinanzierungsgrad von mehr als 40 % als gut erachtet, in Deutschland reichen aus Bankensicht etwa 30 %. Diese Sätze gelten für Industriebetriebe. Für Handelsbetriebe, die ja einen massgeblich kleineren Anteil der Bilanzsumme im Anlagevermögen investiert haben, erwartet man in etwa die halben Sätze, das heisst mehr als 20 % in der Schweiz und mehr als 15 % in Deutschland.

Ebenfalls in den Bereich der Stabilitätsanalyse gehören die Anlagendeckungsgrade. Dabei geht man davon aus, dass das Anlagevermögen möglichst zu

100 % durch Eigenkapital gedeckt werden soll, währenddem das Anlagenvermögen und die Vorräte zusammen, da sie üblicherweise länger als ein Jahr im Unternehmen gebunden sind, langfristig finanziert sein sollten.

(Anlagen-)Deckungsgrad A

$$= \frac{\text{Eigenkapital}}{\text{Anlagevermögen}} \times 100$$

Deckungsgrad B

$$= \frac{\text{Eigenkapital + langfristiges Fremdkapital}}{\text{Anlagevermögen + Vorräte}} \times 100$$

Es existiert auch die Version für den Anlagendeckungsgrad B, in welcher das Eigenkapital und das langfristige Fremdkapital nur dem Anlagevermögen gegenübergestellt werden.

#### 2.2.3.3 *Liquiditätsanalyse*

In der freien Marktwirtschaft müssen die Unternehmen ihren finanziellen Verpflichtungen jederzeit nachkommen können. Es ist somit dafür zu sorgen, dass den Schuldenpositionen jeweils in genügendem Masse Vermögenspositionen gegenüberstehen, die rechtzeitig in liquide Mittel umgewandelt werden (goldene Finanzierungsregel). Zur Messung dieser Verhältnisse werden die Liquiditätskoeffizienten herangezogen:

Liquidität 1. Stufe (Bar- oder Kassenliquidität)

$$= \frac{\text{Zahlungsmittel}}{\text{kurzfristiges Fremdkapital}} \times 100$$

Liquidität 2. Stufe (Quick Ratio)

$$= \frac{\text{Zahlungsmittel + Forderungen}}{\text{kurzfristiges Fremdkapital}} \times 100$$

Liquidität 3. Stufe (Current Ratio)

$$= \frac{\text{Umlaufsvermögen}}{\text{kurzfristiges Fremdkapital}} \times 100$$

Für die Barliquidität gibt es kaum allgemeingültige Regelwerte. Oft wird jedoch gesagt, das Unternehmen solle jederzeit genügend Zahlungsmittel bereithalten, um die Löhne eines Monats zu bezahlen.

Von grosser Bedeutung ist die Liquidität 2. Stufe. Sie sollte im Industriebetrieb etwa 100 % betragen, was bedeutet, dass die kurzfristig fällig werdenden Schulden auch rechtzeitig mit vorhandenen Zahlungsmitteln und eingehenden Forderungen gedeckt werden können.

Der Current Ratio sollte in allen Unternehmen 120 bis 150% betragen, weil zur Umwandlung von Vorräten in Zahlungsmittel mehr Zeit benötigt wird (bis zu einem Jahr). Man kann auch so interpretieren, dass aus der Zeitbedarfsüberlegung heraus die Vorräte mit langfristig zur Verfügung stehendem Kapital zu finanzieren seien.

Eine hohe Liquidität 3. Stufe allein ist jedoch noch kein Garant für die sinnvolle Finanzierung. Es gilt zudem, die Qualität der Forderungsbestände und der Vorräte zu beachten, da diese Bestände Kapital binden und damit nicht nur Mittelbedarf sondern auch Zinskosten verursachen. Für diese Analyse werden Reichweitenkennzahlen eingesetzt:

Debitorenziel
(Durchschnittliche Ausstandsdauer offener Rechnungen zwischen Fakturaausgang und Zahlungseingang sollte möglichst klein sein).

$$= \frac{\text{Debitorenbestand}}{\text{Nettoumsatz}} \times 360$$

Rohmaterialreichweite
(Wie viele Monate kann die Produktion im Durchschnitt weiterproduzieren, ohne dass eingekauft wird?)

$$= \frac{\text{Rohmaterialbestand}}{\text{Materialaufwand}} \times 12 \text{ Monate}$$

Fertiglagerreichweite
(Wie viele Monate kann weiterverkauft werden, ohne dass produziert wird?)

$$= \frac{\text{Fertiglagerbestand}}{\text{Herstellkosten der verkauften Einheiten}} \times 12 \text{ Monate}$$

Reichweitenkennzahlen sollten aus der Sicht der Kapitalbindung möglichst klein sein. Je nach der Belieferungssituation auf dem Beschaffungsmarkt oder dem gewählten Lieferbereitschaftsgrad werden in den Unternehmen aber höhere Werte akzeptiert.

Ist die Liquidität 3. Stufe hoch, die Reichweiten aber niedrig, muss viel Geld in Form von Zahlungsmitteln und Wertpapieren vorhanden sein. Das Unternehmen hat in solchen Situationen die Möglichkeit, recht frei am Markt als Einkäuferin von Rohstoffen oder gar von ganzen Unternehmen aufzutreten (Mergers and Acquisitions). Diese finanzielle Manövrierkraft des Unternehmens wird oft mit dem Nettoumlaufvermögen (Net Working Capital) zum Ausdruck gebracht:

Nettoumlaufvermögen = Umlaufvermögen ./. kurzfristiges Fremdkapital

Ist das Nettoumlaufvermögen in liquider Form verfügbar und sind zusätzlich eventuell noch offene Kreditlimiten bei Banken ausnutzbar, kann das Unternehmen einfacher zu neuen Märkten und/oder Produkten kommen, indem es andere Betriebe aufkauft.

Zur Lenkung und Kontrolle der Liquidität reichen Kennzahlen alleine nicht aus, da sie nur der statischen Analyse dienen. Für die direkte Planung und Steuerung der Liquidität bedienen sich Finanzchefs deshalb des

- Zahlungsbereitschaftsbudgets
  (Wann sind welche Zahlungsein- und -ausgänge zu erwarten?)
  und der
- mittelfristigen (mehrjährigen) Finanzplanung
  (Halten sich die erwarteten Mittelzuflüsse und Mittelverwendungen in etwa die Waage, oder ist mit grösserem Mittelbedarf zu rechnen?)

Diese beiden Instrumente werden aber hier nicht behandelt.

# Teil II
# Das betriebliche Rechnungswesen

Das betriebliche Rechnungswesen (BRW) hat die Aufgabe, möglichst detaillierte und eindeutige Einblicke in die Prozesse der Leistungserstellung und -verwertung eines Unternehmens zu ermöglichen. Diesen Anforderungen kann das finanzielle Rechnungswesen bzw. die Finanzbuchhaltung aus verschiedenen Gründen nicht gerecht werden:

- Die Finanzbuchhaltung berücksichtigt nur Wertgrössen und Wertströme (Auszahlungen, Ausgaben, Aufwand und Einzahlungen, Einnahmen, Ertrag).
- Die Finanzbuchhaltung stellt die Wertflüsse zwischen dem Unternehmen und seiner Umwelt dar, nicht jedoch die Mengen- und Wertströme innerhalb des Unternehmens.
- Im System der doppelten Buchführung können nur Werte, jedoch keine Mengen mitgeführt werden. Gerade die Gegenüberstellung von Werten und dazugehörigen Mengen erbringt aber die zur Steuerung des Unternehmens wesentlichen Informationen.
- Auch eine Betriebsbuchhaltung, wie sie noch in vielen Unternehmen geführt wird, kann die benötigten Führungsdaten nicht generieren, da sie ebenfalls nach den Regeln der doppelten Buchführung aufgebaut wird und somit keine Mengen zu Werten in Beziehung setzen kann.

Systeme des BRW wurden früher zur Hauptsache als «Abrechnungssysteme» entwickelt, um die Kosten von Leistungen und das Ergebnis pro Produkt detailliert nachrechnen zu können. Wie im nächsten Abschnitt gezeigt wird, sind heute die Anforderungen anders. Benötigt wird ein *führungs-, ziel- und entscheidungsorientiertes betriebliches Rechnungswesen*.

BRW-Systeme wurden in erster Linie für gütererzeugende und weniger für Handels- oder Dienstleistungsbetriebe entwickelt. Für letztere sind auch heute noch viele verfahrenstechnische Fragen unbeantwortet. Die in der Folge dargestellten Prinzipien können bei entsprechender Anpassung aber auch in Handels-, Dienstleistungs- und Gewerbebetrieben angewendet werden. Auch die grundlegenden Fragen, die mit dem BRW zu beantworten sind, sind in allen Unternehmen die gleichen:

- Wo, in welchen Bereichen, Abteilungen, Stellen sind welche Kosten entstanden bzw. wo sollen sie entstehen?
- Wofür, für welche Produkte, Leistungen und Aufträge sollen welche Kosten entstehen oder sind entstanden?
- Womit, mit welchen Leistungen und Produkten generiert das Unternehmen in Teilmärkten seinen Erfolg?

Dazu sind verschiedene Instrumente entwickelt worden, die Männel (*Kostenrechnung I*, S. 18 f.) mit dem Kürzel KLEER zusammenfasst:

**K**osten-,
**L**eistungs,
**E**rlös- und
**E**rgebnis-
**R**echnung

Der Aufbau dieses Instrumentariums wird in den folgenden Kapiteln erläutert. Dabei ist jedoch zu beachten, dass für Struktur und Nutzung von BRW-Systemen keinerlei gesetzliche Vorschriften bestehen. Ihre Gestaltung kann somit frei nach den Bedürfnissen des Unternehmens angegangen werden. Auch bezüglich der im BRW zu berücksichtigenden Perioden gibt es keine Vorschriften. Allgemein wird heute die Planungsrechnung für ein Jahr erstellt und der Vergleich zwischen Plan und Ist wird monatlich durchgeführt. Immer mehr werden Auswertungen aus dem BRW aber auch zur Quantifizierung mittelfristiger und strategischer Pläne eingesetzt.

# 1 Betriebliches Rechnungswesen im unternehmerischen Gesamtzusammenhang

## 1.1 Wozu betriebliches Rechnungswesen?

Unternehmensführung hat sich im Zeitablauf stark gewandelt. Die Fragen, die gestellt werden, haben sich teilweise geändert und damit auch die Instrumente zu ihrer Beantwortung. Wie schon erwähnt, ist das betriebliche Rechnungswesen (BRW) eines der zentralen Hilfsmittel der Unternehmensführung und hat sich demzufolge im Laufe der Zeit auch stark geändert. Das BRW besteht nicht zum Selbstzweck, sondern dient nach heutiger Auffassung in erster Linie der *Führungsunterstützung*.

Dies wird offensichtlich, wenn der Ablauf des Führungsprozesses analysiert wird. Von jeder Führungskraft – vom Vorarbeiter bis zum Präsidenten – wird erwartet, dass sie Resultate erreicht. Zu diesem Zweck soll sie selbst oder in Zusammenarbeit mit anderen Ziele festlegen, die nötigen Massnahmen zu ihrer Erreichung bestimmen und ihre Ausführung in Gang setzen. Um erkennen zu können, ob sie auf dem Weg zum angestrebten Ziel ist, muss die Führungskraft die Resultate der Ausführung laufend erfassen und mit dem Ziel vergleichen. Ist das Ziel erreicht, also das erwünschte Resultat eingetreten, kann man neue Ziele bestimmen. Ergibt sich aber eine Abweichung zwischen Ziel und Ist, sind Korrekturen vorzusehen. Die Führungskraft kann wählen zwischen

- nichts unternehmen, weil sie überzeugt ist, dass das Ziel trotz festgestellter Abweichung erreicht werden wird, bzw. sich die Abweichung später automatisch ausgleichen wird,
- Korrekturmassnahmen suchen und ausführen (das ist der Normalfall),
- das Ziel anpassen (dies ist wenn möglich zu vermeiden, da daraus Unsicherheit entsteht).

Die Abbildung von H. Ulrich (1974, S. 30) verdeutlicht diesen Ablauf:

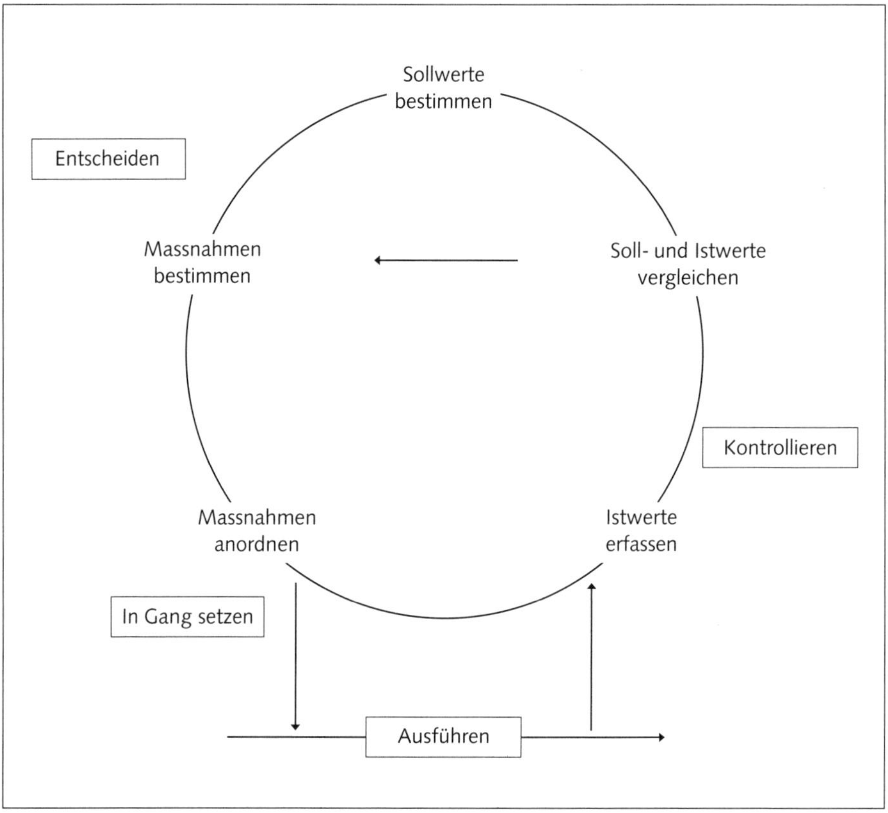


Abb. 27 *Der Führungskreislauf*

Weil diese Darstellung des Führungskreislaufs so abstrakt gehalten ist, kann man sie für alle Führungspositionen jeder Hierarchiestufe anwenden. Sie bringt zudem auch einen Grundgedanken der Führung durch Zielvereinbarung (Management by Objectives) klar zum Ausdruck, nämlich den Beitragsgedanken. Er lautet:

Welchen Beitrag leiste ich (als Mitarbeiter oder als Führungskraft), damit das Unternehmen als Ganzes oder mein Vorgesetzter seine Ziele erreicht?

Solche Beiträge können ganz unterschiedlicher Art sein, von der termingerechten Verteilung der Hauspost bis hin zur Realisierung des Marktdurchbruchs eines neuen Produktes. Führungskräfte sind aber zudem für die Erreichung eines weiteren Ziels zuständig. Alle Führungskräfte (und ihre Mitarbeiter) sind dafür verantwortlich, dass das Unternehmen das geplante Ergebnisziel erreicht. In den meisten Fällen ist für das Unternehmen damit ein Überschuss in bestimmter Höhe gemeint. Es ist nun offensichtlich, dass nicht jede Führungskraft einen direkten Beitrag zur Cash Flow-Erreichung leisten kann. Der Meister in der Fertigung kann aber dazu beitragen, indem er dafür sorgt, dass günstig produziert wird, währenddem der Verkäufer sich dafür einsetzt, dass der Umsatz oder der Erlös in der geplanten Höhe erarbeitet wird; den Unternehmensgewinn aber können nur alle gemeinsam realisieren.

Jede Führungskraft hat also einen Beitrag zum Ergebnisziel zu leisten. Je nach Aufgaben und Hierarchiestufe ist dieser Beitrag jedoch unterschiedlicher Art. Es gibt Führungskräfte, die Kostenziele erreichen und Führungskräfte, die Erlösziele verwirklichen sollen.

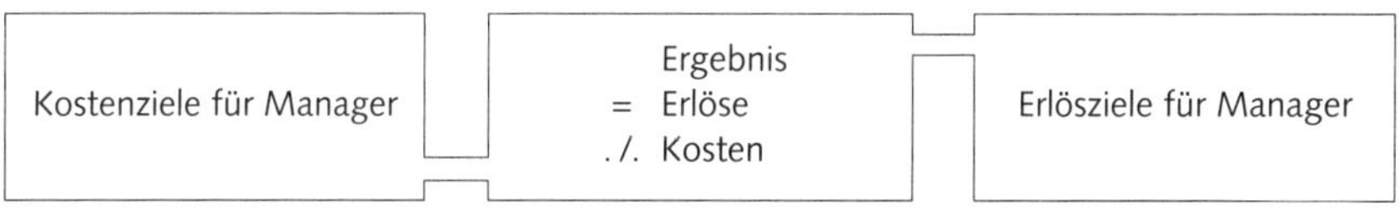


Die gesamte Ergebnisverantwortung für ein Unternehmen liegt immer bei der obersten Führungsstufe (Führungsverantwortung). Diese Verantwortung wird durch Delegation von Aufgaben und Kompetenzen und damit auch von Teilzielen stufenweise an hierarchisch nachstehende Stufen weitergegeben (Handlungsverantwortung). Je nach Grösse oder (organisatorischer) Struktur eines Unternehmens kann es somit auch Führungskräfte geben, die gleichzeitig für Kosten- als auch für Erlösziele verantwortlich sind.

Entsprechend dem Beitragsprinzip nehmen sich dann auch die nachgeordneten Führungskräfte Teilziele vor.

Gemäss dem Führungsprinzip «Management by Delegation» bleibt die Gesamtverantwortung (Führungsverantwortung) immer beim Delegierenden. Der Empfangende übernimmt die Handlungs-(Realisierungs-)verantwortung.

Damit das geplante Unternehmensergebnis erreicht werden kann, müssen sich die Erlöszielträger genügend hohe und die Kostenzielträger genügend tiefe Ziele vornehmen. Dies passt mit einem weiteren Grundgedanken der Führung durch Zielvereinbarung zusammen:

Ziele sollen so geplant und formuliert werden, dass sie realistisch, aber nur mit Anstrengung zu erreichen sind.

Unrealistische Ziele führen nicht zum geplanten Ergebnis und Ziele, die man ohne Anstrengung erreichen kann, sind keine Ziele und haben demzufolge auch keine motivierende Wirkung.

Das bisher über den Führungskreislauf und insbesondere über Ziele Gesagte ist für das Verständnis und für den Aufbau moderner Systeme des BRW absolut zentral. In den folgenden Kapiteln wird immer wieder darauf Bezug genommen.

Erste Konsequenzen für die Gestaltung von BRW-Systemen lassen sich aber hier schon ziehen:

- Ziele festlegen sowie entsprechende Massnahmen bestimmen und über das ganze Paket zu entscheiden, wird allgemein unter der Tätigkeit «planen» zusammengefasst. Ein führungsunterstützendes BRW-System, das auch als Entscheidungshilfsmittel dienen soll, muss demzufolge von Anfang an als *Planungsrechnung* aufgebaut werden. Es ist unmöglich, für die Vergangenheit Entscheide zu treffen. Wenn man aber nur über das entscheiden kann, was die Zukunft beeinflusst, können folglich nicht Vergangenheits-, sondern nur Plangrössen entscheidungsrelevant sein.

  Im Rahmen des BRW müssen Ziele in Zahlen gefasst werden.

- Damit Kosten- und Erlösziele für Manager bestimmt bzw. abgeleitet werden können, muss das BRW die Strukturen und Abläufe des Unternehmens rechnerisch abbilden, das heisst es hat der Organisation und der Verantwortlichkeitsregelung des Unternehmens zu entsprechen.

Ändert die Organisationsstruktur, sind auch die BRW-Strukturen anzupassen.

- Plangrössen sind pro Verantwortlichkeitsbereich festzulegen und Istgrössen so zu messen, dass sie mit den in den Plänen enthaltenen Zielen verglichen werden können. Ein BRW-System muss demnach *Entscheidungs- und Verantwortungsrechnung* zugleich sein. Daraus ergibt sich, dass einem Verantwortungsbereich im Rahmen der Verantwortungsrechnung nur diejenigen Kosten und Erlöse zuzurechnen sind, die vom jeweils Verantwortlichen beeinflussbar sind.
- Zur Ziel- und Resultaterreichung ist es immer wieder nötig, Korrekturmassnahmen zu evaluieren und ausführen zu lassen, was *Soll-Ist-Vergleiche mit Analyse* der Abweichungsursachen voraussetzt. Gleichzeitig muss es möglich sein, mit den Zahlen des BRW die wertmässigen Folgen verschiedener Korrekturmassnahmen zu ermitteln, einander gegenüberzustellen und die gewählten Varianten in eine Erwartungsrechnung einzubringen. Dazu muss das BRW-System in der Lage sein, diejenigen Daten zu liefern, die durch eine Entscheidung verändert werden. Insbesondere sollte es folgende Frage beantworten:

Welche Leistungen, Erlöse und Kosten werden durch die Entscheidung verändert?

Entscheidungsüberlegungen beziehen sich auf Mengen- und Verfahrensänderungen und auf Veränderungen, die sich kurz- oder erst längerfristig auswirken werden. Daraus kann man ableiten, dass das BRW in der Lage sein sollte, die Abhängigkeit von Kosten und Erlösen von Mengen- und Verfahrensänderungen ebenso darzustellen wie die Beeinflussbarkeit in Zeiträumen.

- Abweichungen der effektiven Ergebnisse von den Plangrössen sind, da die Planenden keine Propheten sind, normal. Damit die Führung in Erkenntnis der Abweichungen abschätzen kann, ob die für das ganze Jahr angestrebten finanzwirtschaftlichen Ziele trotzdem erreicht werden können, bedarf es der Ergänzung der BRW-Systeme um die *Erwartungsrechnung*. Die Erwartungsrechnung ist eine Kombination der Istrechnung mit den beschlossenen und bewerteten Korrekturmassnahmen und zeigt das voraussichtliche Ist-Resultat an.

Diese direkt aus dem Führungsprozess abgeleiteten Aufgaben des BRW gelten heute in den meisten Unternehmenstypen und -arten, vom einzelnen Arbeitsplatz über Produktgruppen bis zum Gesamtbetrieb. Welches nun aber die Grössen sind, die es im einzelnen zu planen und zu ermitteln gilt, wird im nächsten Abschnitt aufgezeigt.

## 1.2 Die wichtigsten im betrieblichen Rechnungswesen ermittelten Grössen

Vereinfachend kann man sagen, dass die eigentliche Aufgabe aller Unternehmen darin besteht, durch Kombination von Menschen mit Maschinen Dienstleistungen und/oder Produkte herzustellen, eventuell zu lagern und dann zu vertreiben. Zur erfolgreichen Bewältigung dieser grundsätzlichen Aufgabe benötigen die Führungskräfte Informationen, die in Form von Plan-, Ist-, Abweichungs- und Erwartungsdaten in Erscheinung treten.

Der für eine Kostenstelle Verantwortliche muss wissen, wie hoch die gesamten Kosten (Kostenvolumen) seiner Stelle sind, welche Kosten sich in Abhängigkeit von der erbrachten Leistung ändern und welche Kostenelemente durch ihn direkt beeinflusst werden können. Für die Ermittlung der Fertigungskosten werden schliesslich die Kostensätze pro Leistungseinheit einer Kostenstelle benötigt. Neben Kosteninformationen über jede einzelne Kostenstelle sind entsprechend der hierarchischen Struktur auch zusammenfassende Angaben über Kosten und Leistungen von Abteilungen und Bereichen erforderlich (Verdichtungen/Konsolidierungen).

Die wichtigste kostenorientierte Information bezüglich der vom Unternehmen hergestellten Produkte und Dienstleistungen sind die Herstellkosten. Sie werden einerseits zur Bewertung der Lagerbestände und andererseits für Entscheidungen im Zusammenhang mit dem Produktions- und Absatzprogramm benötigt. Zur Erstellung einer Bilanz gehört auch die Bewertung der selbst hergestellten Einzelteile, Halb- und Fertigfabrikate und der angefangenen Arbeiten oder Projekte, eine Arbeit, die im Fertigungsbetrieb und in vielen Dienstleistungsbetrieben nur mit Hilfe der Kostenträgerrechnung durchgeführt werden kann. Für Programmentscheidungen, wie zum Beispiel Mengen- oder Product-Mix-Überlegungen sowie Eigen- oder Fremdbezugsentscheidungen, werden ebenfalls die Herstellkosten herangezogen. Dabei interessiert zusätzlich, wie sich diese Kosten zusammensetzen, das heisst welcher Teil auf Material-, Fremdleistungs-, Fertigungs- und Werkzeugkosten entfällt und welche dieser Kostenelemente sich mit der hergestellten Menge ändern (→ proportionale Herstellkosten) oder nicht (→ fixe Herstellkosten). Je nach Fragestellung sind bei den Produkt- und Dienstleistungsdaten wiederum verschiedene Verdichtungen vorzusehen. Die Kostendaten sollten pro Stück, pro Auftrag, pro Projekt oder pro Produktgruppe dargestellt werden können, wobei je nach Verdichtungsstufe zu überlegen ist, welche Kostenelemente durch Entscheidungen direkt beeinflusst werden können.

In der Erfolgsbeurteilung spielen Umsätze mit Produkten, Rabatte und Erlösschmälerungen aller Art eine wichtige Rolle. Es soll ersichtlich werden, was das Unternehmen aus dem Verkauf seiner Produkte und Dienstleistungen netto löst. Diesen Nettoerlösen sind die Kosten der verkauften Einheiten gegenüberzustellen, da daraus der Erfolgsbeitrag des einzelnen Produkts erkennbar wird. Diese Arbeiten werden in der kurzfristigen Erfolgsrechnung abgewickelt und dort bis zum Betriebs- oder Management-Erfolg verdichtet. Die reine Produktorientierung in der Erfolgsbetrachtung reicht aber heute in vielen Unternehmen nicht mehr aus, so dass Planung, Isterfassung und Steuerung sich nach den Kriterien der Marktbearbeitung ausrichten müssen. Dies führt dazu, dass die Erfolgsanalyse – je nach Unternehmen – auch nach Kunden, Regionen, Absatzkanälen und eventuellen weiteren Dimensionen aufgebaut werden muss (vgl. 2.1.4).

## 1.3 Die planerischen Grundlagen für das betriebliche Rechnungswesen

Im Rahmen der zielorientierten Führung soll das BRW helfen, die Unternehmensziele und die Einzelziele zu quantifizieren und ihre Einzelheiten mengen- und wertmässig darzustellen. Vom einzusetzenden Einzelmaterial bis hin zum Gesamterfolg des Unternehmens soll das BRW aufzeigen, wie die geplanten Resultate zustandekommen und von welchen Einflussfaktoren sie abhängig sind. Diese Gesamtplanung kann nur konsistent aufgebaut werden, wenn die einzelnen Pläne verknüpft und aufeinander abgestimmt werden. Dabei ist zu beachten, dass ein Gesamtplan nicht in einem Durchgang mit zwingender Abfolge erstellt werden kann. Immer wieder sind Entscheide von Führungskräften nötig, die Ziele für einzelne Arbeitsgebiete definieren (zum Beispiel Kostenbeträge, Mengen, Kapazitäten). Die Erstellung eines Gesamtplans im BRW stellt daher einen iterativen Prozess dar, der je nach Komplexität des Unternehmens erst nach mehreren Schritten zu den definitiven einzelnen Plänen führt.

Eines der wichtigsten Elemente zum Aufbau dieser Gesamtplanung ist der Absatz- und Umsatzplan. Die Erstellung dieses Plans wird hier nicht behandelt; sie ist Bestandteil der Verkaufs- und Marketingplanung. Für die Planung im BRW gehen wir davon aus, dass bekannt ist, welche Leistungen/Produkte im Planjahr zu welchen Preisen verkauft werden sollen. Die für das BRW wesentlichen Ausgangsdaten könnten wie folgt gegliedert sein:

| Produktgruppe | 10 Ordner | | | 11 Ringbücher | | |
|---|---|---|---|---|---|---|
| Produktnummer | 103010 | 103020 | 103030 | 105010 | 105020 | ... |
| Planabsatzmenge | 400'000 | 200'000 | 60'000 | 800'000 | 250'000 | ... |
| Planpreis | 3.80 | 4.20 | 5.60 | 5.00 | 4.00 | ... |

Mit diesen Zahlen, die für jedes zu verkaufende Produkt bestimmt werden müssen, kann einerseits die kurzfristige Erlösrechnung aufgebaut (Planumsatz) und andererseits die Produktionsplanung in Angriff genommen werden.

In Dienstleistungsbetrieben, in denen nicht Menge x Preis geplant werden kann, tritt an Stelle des Absatzplans das Umsatzbudget pro Produkt oder Dienstleistung.

Aus dem relativ weitgespannten Arbeitsgebiet der Produktionsplanung ist für die Erstellung der Planungsrechnung die Kapazitätsplanung heranzuziehen. Hierbei geht es darum, die Nachfrage, die sich aus dem Absatzplan ergibt, mit dem Kapazitätsangebot der Kostenstellen abzustimmen. Dazu muss zuerst bekannt sein, wie viele Einheiten eines verkaufsfertigen Produkts herzustellen sind, was unter Berücksichtigung der geplanten Lagerbestandsveränderungen ermittelt wird:

| | |
|---|---|
| Planabsatzmenge Produkt 103010 | 400'000 |
| Lagerbestand Ist | ./. 20'000 |
| Lagerbestand Soll (am Ende der Planungsperiode) | + 30'000 |
| Herzustellende Menge | 410'000 |

Aus der herzustellenden Menge kann nur in sehr einfachen Verhältnissen die von den einzelnen Kostenstellen zu erbringende Leistung direkt berechnet werden. Die Fertigung geschieht heute in sehr vielen Unternehmen in mehreren Stufen, indem in einzelnen Kostenstellen Einzelteile und Baugruppen produziert werden, die dann in nachfolgenden Kostenstellen zu neuen Baugruppen oder Fertigprodukten montiert werden. Die Informationen über die Zusammensetzung eines Produktes finden sich in Stücklisten (oder Rezepturen).

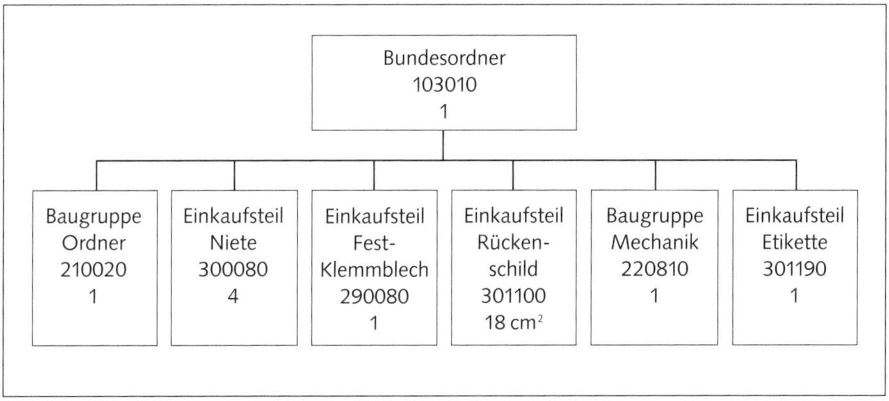


Abb. 28 *Beispiel einer Strukturstückliste für eine Verkaufseinheit*

Für die Baugruppe Mechanik, die auch in andere Fertigprodukte eingebaut wird (oder eventuell direkt als Halbfabrikat an Dritte weiterverkauft), besteht eine weitere Stückliste (das Gleiche gilt für alle anderen Baugruppen).

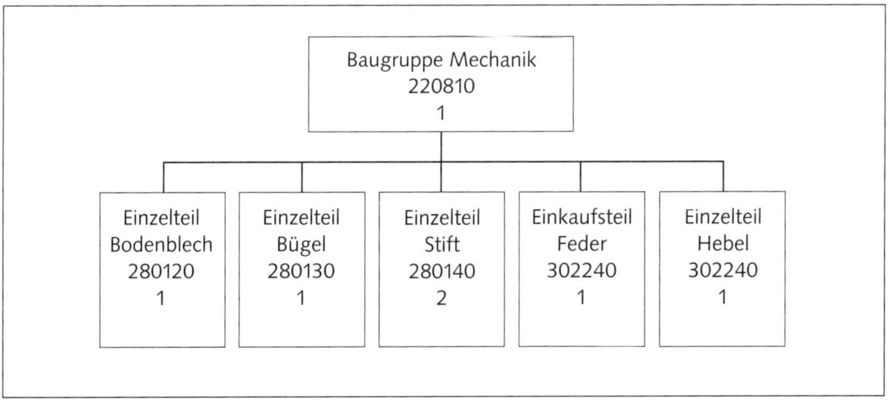


Abb. 29 *Beispiel einer Baugruppenstückliste*

Werden über alle herzustellenden Produkte, Baugruppen und Einzelteile die unten in den Feldern angeführten *Vorgabemengen* mit den herzustellenden Mengen multipliziert und dann addiert, ergibt sich für jede der angeführten Einheiten (Komponenten) die zu produzierende Menge.

*Materialbedarfsauflösung (unvollständiges Beispiel)*

Um 400'000 Bundesordner 103010 herstellen zu können, werden unter anderem benötigt:

| | |
|---|---|
| 400'000 Baugruppen Mechanik | (Sekundärbedarf) |
| 400'000 Einzelteile Bodenblech | |
| 800'000 Einzelteile Stift | (Tertiärbedarf) |
| 400'000 Einkaufsteile Feder | (Tertiärbedarf) |

Ausschuss und Zuschnittverluste werden direkt in die Vorgabemengen eingerechnet.

Die Materialbedarfsauflösung in der Grobplanung ergibt für den Einkauf die Basis für die Budgetierung des Wareneinkaufs und für das BRW die Mengenangaben für die Berechnung der Plan-Einzelmaterialkosten (vgl. 2.3.2.3).

Für jedes Einzelteil, Halb- oder Fertigfabrikat besteht ein *Operations- oder Arbeitsplan*. In diesem wird definiert, welche Arbeitsgänge (Operationen) in welchen Kostenstellen – allenfalls mit welchen Werkzeugen und Vorrichtungen – für die Herstellung des betreffenden Teils ausgeführt werden sollen und welche *Vorgabezeit* für jede Operation pro Einheit oder ein Mehrfaches davon vorgesehen ist.

| Produkt Nr. 103010, Operationsplan (für 1 Stück) | | |
|---|---|---|
| Kostenstelle | Arbeitsgang | Vorgabe |
| Folienschweissen | Rückenschild-Tasche schweissen | 0,1 Min. |
| Montage | Baugruppe Ordner und Baugruppe Mechanik zusammenfügen | 0,4 Min. |
| Packerei | Etikette einstecken und verpacken | 0,3 Min. |

Abb. 30 *Ausschnitt aus einem Operationsplan (Arbeitsplan)*

Werden nun kostenstellenweise über alle herzustellenden Teile die Vorgabezeiten mit den Plan-Herstellmengen multipliziert und addiert, ergibt sich daraus die *Nachfrage nach produktiver Leistung* jeder Fertigungsstelle. Diese Nachfrage ist im Planungsprozess mit dem *Leistungsangebot* der Kostenstellen zu vergleichen, welches wiederum vom verfügbaren Personal und von den installierten Anlagen abhängig ist. Vermag das Angebot die Nachfrage nicht abzudecken, folgt eine Rückfrage im Personalplan und/oder im Investitionsbudget. Ist eine Investition oder eine Aufstockung des Personalbestands nicht möglich, ist als Nächstes zu fragen, ob gewisse Operationen auswärts vergeben werden können, um die absehbaren Engpässe zu entschärfen. Kann auch durch solche Massnahmen oder durch die Einplanung von Überstunden die berechnete Nachfrage nicht abgedeckt werden, sind im rückschreitenden Verfahren die Bestände und die Planabsatzmengen anzupassen. Dieser Abstimmungsprozess läuft in der Realität in mehreren Iterationen ab; dabei bedarf es immer wieder der Entscheidungen der zuständigen Manager über Investitionsvolumen und personelle oder maschinelle Kapazitätsanpassungen.

Es kann aber auch nicht ausgeschlossen werden, dass die Nachfrage nach Kapazität kleiner ist als die verfügbare Kapazität. Um einer drohenden Unterbeschäftigung zu begegnen, wird man Überlegungen anstellen müssen, ob und wie der Absatz gefördert werden kann. Die Synchronisation des Produktionsprogrammes mit dem Absatzprogramm zählt zu den schwierigsten Aufgaben des Managements.

Sind Kapazitätsnachfrage und -angebot abgestimmt und damit die pro Kostenstelle zu erbringende produktive Leistung bestimmt, wird diese Leistung als Planbeschäftigung der Kostenstelle verwendet und der Kostenplanung zugrundegelegt (vgl. 2.2.1).

In Dienstleistungsbetrieben und in vielen Betrieben mit Auftragsfertigung kann die Planbeschäftigung nicht direkt aus dem Absatzplan, so wie hier gezeigt, berechnet werden, weil die Auftragszusammensetzung im Planungsstadium nur geschätzt werden kann. In diesen Fällen wird eine erwartete Beschäftigung festgelegt, die nachher in der Kostenplanung weiter verwendet wird.

Die hier beschriebenen technisch-planerischen Grundlagen bilden für den Aufbau eines ziel- und führungsorientierten BRW wesentliche Voraussetzungen. Es ist einsichtig, dass Plan- oder Standardpreise, Vorgabemengen und Vorgabezeiten konkrete Zielgrössen, nämlich diejenigen, die der eigentlichen Ausführung am nächsten sind, enthalten. Mit diesen Zielgrössen wird in den nachfolgenden Stufen der Kostenstellen- und -trägerrechnung weitergearbeitet.

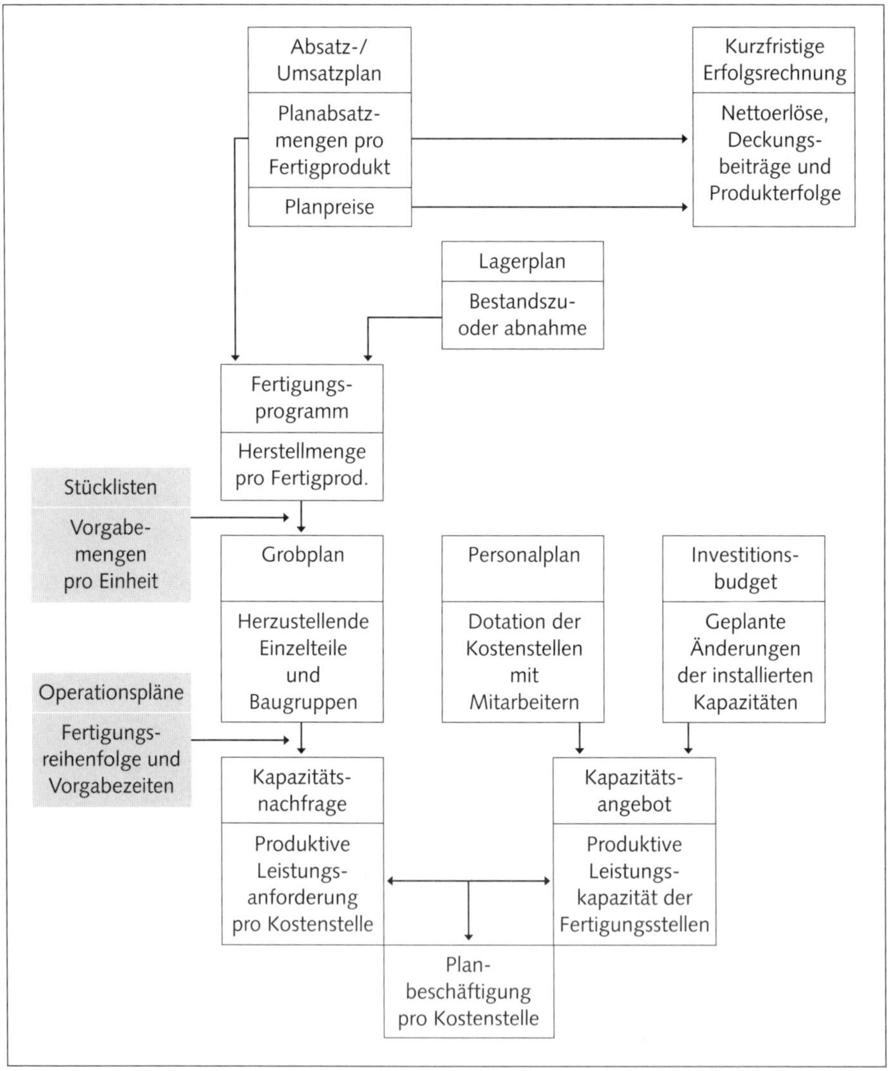


Abb. 31 *Teilübersicht zum Planungsablauf*

## 1.4 Die Planung des Ziel-Cash Flow

Cash Flow ist im finanziellen Rechnungswesen (vgl. 2.2.3) als Resultatgrösse erklärt worden, die sich aus der Differenz zwischen liquiditätswirksamen Erträgen und liquiditätswirksamen Aufwendungen ergibt. Im führungsorientierten Rechnungswesen soll der Cash Flow als zu erreichendes Ziel, das heisst als Ziel-Cash Flow verstanden und definiert werden. Erlös- und Kostenplanung soll zeigen, ob im kommenden Jahr genügend Mittel erarbeitet werden, um nicht nur alle Kosten zu decken, sondern auch einen genügenden Gewinn zu erhalten. Zu den Kosten gehören auch die Abschreibungen, die der Substanzerhaltung des Unternehmens dienen, die Fremdzinsen und die Steuern. Wieviel im Planjahr abzuschreiben ist, soll im Abschreibungsbudget ermittelt werden, währenddem im Gewinnbedarfsbudget zu planen ist, wieviel Geld zur Bedienung des eingesetzten Kapitals und zur Existenzsicherung des Unternehmens zu verdienen ist.

### 1.4.1 Abschreibungsbudget

Investiert ein Unternehmen in Anlagen zur Herstellung von Produkten oder Dienstleistungen, wechselt es Substanz in Form von liquiden Mitteln in Anlagegüter um. Der Investitionsbetrag ist jeweils zu Beginn der Nutzungsdauer zu bezahlen, doch ist sein Verbrauch auf die geplanten Nutzungsjahre zu verteilen, da sonst die Jahresergebnisse falsch wären. Die Belastung der Ergebnisrechnung mit Abschreibungen steht somit für den Anteil an *Substanzerhaltung*, der einer Periode oder der leistungsabhängigen Anlagennutzung zuzurechnen ist.

Was als Substanz zu verstehen ist, muss für die Ziel-Cash-Flow-Planung aber zuerst definiert werden:

- Zum Zeitpunkt der ursprünglichen Beschaffung eines Anlagegutes wurde der *Anschaffungswert* bezahlt und kann damit auch als Substanzwert betrachtet werden (zum Beispiel Anschaffung eines Geschäftswagens im Wert von 20'000.–).
- Zum Zeitpunkt der Wiederbeschaffung des verbrauchten Gutes ist für das gleiche oder für ein leistungsmässig gleichwertiges Gut mehr zu bezahlen (zum Beispiel Ersatz des Geschäftswagens durch einen neuen aber gleich-

wertigen zum Preis von 25'000.–). Der Substanzwert ist in diesem Falle vom Leistungspotential her zu bemessen. Das Leistungspotential (Nutzung des Geschäftswagens) ist aber nur dann erhalten, wenn vom *Wiederbeschaffungswert* abgeschrieben wird.

Durch Inflation und durch Produktänderungen ergibt sich in vielen Fällen, dass der Anschaffungs- und der Wiederbeschaffungswert nicht übereinstimmen. In den meisten Ländern sind die handels- und steuerrechtlichen Vorschriften so gestaltet, dass nur die Abschreibung vom Anschaffungswert zugelassen wird (der Inflation wird somit nicht Rechnung getragen). Für das führungsorientierte BRW kann diese Bemessungsgrundlage aber nicht genügen. Denn wenn der Anschaffungswert zur Gänze abgeschrieben ist, der Wiederbeschaffungswert für ein leistungsmässig gleichwertiges Gut aber in der Zwischenzeit höher wurde, fehlt dem Unternehmen ein Teil des Geldes, bzw. es kann das gleiche Leistungspotential nicht ohne Geldaufnahme neu beschaffen.

Im BRW dürfen somit nicht die Anschaffungswerte als Basis zur Bestimmung des Abschreibungsbudgets verwendet werden, sondern die Wiederbeschaffungswerte.

Erst wenn das Leistungspotential als Substanz erhalten ist, kann betrieblich ein Gewinn entstehen.

Das Abschreibungsbudget wird in der Anlagenbuchhaltung zusammengestellt. Neben den in Teil I, 1.2.6 aufgeführten Datenelementen sind zu diesem Zweck noch folgende Angaben zu erfassen:

- Wiederbeschaffungs- oder Tageswert,
- eventuell Indexstand zum Beschaffungszeitpunkt,
- in welcher Kostenstelle das Gut installiert ist.

Da der Wiederbeschaffungswert bei längerfristig genutzten Anlagen nicht vorausgesagt werden kann, behilft man sich mit dem Tageswert, also dem Wert, den ein neues Gut gleicher Leistung heute hätte, um davon den Abschreibungsbetrag zu berechnen. Die jährliche kalkulatorische Abschreibung wird – üblicherweise linear – durch Division des Tageswertes durch die geplante Nutzungsdauer berechnet (leistungsabhängige Abschreibungen sinngemäss).

In der Anlagenbuchhaltung können nun die kalkulatorischen Abschreibungen pro Kostenstelle addiert werden, woraus die Kostenart «kalkulatorische Abschreibungen» für die Kostenplanung entsteht (vgl. 2.2.5). Die Summierung aller kalkulatorischen Abschreibungen des Unternehmens ergibt das Abschreibungsbudget, das in der stufenweisen Deckungsbeitragsrechnung wiederverwendet wird (vgl. 2.4.3).

Für eine weitergehende Darstellung der Abschreibungsplanung und des Inflation Accounting vgl. Jordi, *Inflation Accounting*.

### 1.4.2 Gewinnbedarfsbudget

Die Verzinsung des betriebsnotwendigen Vermögens kann mit dem Kapitalmarktzins, korrigiert um den Risikozuschlag, wie in Teil I, 2.2.3, beschrieben, berechnet werden. Dieses Vorgehen genügt für die betriebliche Betrachtung oft nicht, da durch Ansetzung des Risikozuschlages noch nicht ersichtlich wird, ob genügend Gewinn erarbeitet wird. Erfolgversprechend ist hingegen die analytische Ermittlung des Gewinnbedarfsbudgets. Bei seiner Berechnung wird von der Frage ausgegangen:

> Welche finanziellen Anforderungen werden an das in das Unternehmen investierte Vermögen gestellt und wie hoch sind sie?

Als Forderungssteller kommen folgende Gruppierungen in Frage:

- die Fremdkapitalgeber; sie wollen Zinserträge kassieren,
- die Eigenkapitalgeber; sie wollen Dividende oder Verzinsung ihres Kapitaleinsatzes,
- das Unternehmen zu seiner Existenzsicherung; es sollte einen Teil der Gewinne zur Reservebildung zurückbehalten können,
- das Personal, sofern aus dem Gewinn Zuwendungen an eine Personalfürsorgestiftung gemacht werden sollen,
- Drittgruppen, die aus dem Gewinn Spenden erhalten,
- der Staat, der vom steuerbaren Gewinn die Ertragsteuern verlangt.

Der Ziel-Cash Flow entspricht dem zu erzielenden CFBIT (Cash Flow vor Abzug von Fremdzinsen und Ertragsteuern in der Finanzbuchhaltung, vgl. Teil I, 2.2.3).

Der Vergleich dieser Komponenten mit Teil I, 2.2.3, zeigt, dass hiermit der zu erzielende Gewinn vor Steuern und vor Zinsen (EBIT) geplant wird. Aus den für das Planjahr zu erwartenden Zinssätzen und den durchschnittlich ausgeliehenen Fremdgeldern lassen sich die Fremdzinsen berechnen. Das nominelle Aktien- oder Grundkapital multipliziert mit dem gewünschten Dividendensatz ergibt den zu erarbeitenden Dividendenbetrag. Was das Unternehmen als Reservenzuführung verdienen sollte, kann aus der Unternehmenspolitik sowie aus der mittelfristigen Finanzplanung abgeleitet werden. Dividendenausschüttung und Reservenzuführung sind diejenigen Positionen des Gewinns, für die jeweils Ertragsteuern zu bezahlen sind. Die prozentuale Steuerbelastung kann aus den Steuerverordnungen entnommen werden. Ob aus dem Gewinn auch noch die Personalstiftungen oder Drittgruppen mit Beiträgen bedacht werden sollen, ist von Managemententscheidungen abhängig, die ebenfalls schon im Planungsstadium getroffen werden sollten.

| Anforderungen an das investierte betriebsnotwendige Vermögen von 4,16 Mio. | | | |
|---|---|---|---|
| seitens des Personals: | | | |
| Dotierung der Personalfürsorgestiftung (aus dem Gewinn) | | | 80'000 |
| seitens der Banken: | | | |
| 8 % auf die Hypothek von 0,8 Mio. | | | 64'000 |
| 10 % auf durchschnittlich 1,6 Mio. kurz- und langfristige Darlehen | | | 160'000 |
| seitens der Aktionäre: | | | |
| 10 % Dividende auf 1,0 Mio. nominelles Aktienkapital | | | 100'000 |
| seitens des Unternehmens zur Existenzsicherung: | | | |
| Zuführung zu den Reserven (Rücklagen) | | | 140'000 |
| seitens des Staates: | | | |
| 25 % vom steuerbaren Gewinn | | | 80'000 |
| Total Gewinnbedarf | | | 624'000 |
| Steuerbarer Gewinn | 320'000 | | |
| Abzüglich 25 % Steuern | 80'000 | 33,33 % | |
| Reingewinn | **240'000** | 100 % | |

Abb. 32 *Beispiel für ein Gewinnbedarfsbudget*

Ziel-Cash Flow und Brutto-Cash Flow sind nicht zu verwechseln, da im Ziel-Cash Flow auch zu bezahlende Steuern und Fremdzinsen enthalten sind (vgl. Teil I, 2.2.3).

Das Gewinnbedarfsbudget basiert – wie das Beispiel zeigt – auf den Wünschen und Zielen des Managements. Als Zielgrösse wird es in der mehrstufigen Deckungsbeitragsrechnung anzeigen, ob die Planung insgesamt zielführend ist, das heisst ob die gewollten Gewinne auch erwartet werden dürfen. Im Soll-Ist-Vergleich wird es als Messlatte für die Leistung des gesamten Managements dienen können. Zugleich kann das Gewinnbedarfsbudget auch in der Kostenstellenplanung verwendet werden. Da ja bekannt ist, dass mit den durchschnittlich investierten 4,16 Mio. 624'000 Gewinn vor Steuern und vor Zinsen erarbeitet werden sollen, kann auch ein ROI-Ziel berechnet werden:

$$\frac{624'000}{4'160'000} \times 100 = 15\,\% = \text{ROI-Ziel}$$

Jede in eine Kostenstelle investierte Geldeinheit muss sich somit theoretisch mit 15 % p.a. «verzinsen». Damit ist die Kostenart kalkulatorische Zinsen zur Planung vorbereitet. Aus der Anlagenbuchhaltung wird noch die Angabe benötigt, wieviel Anlage- und Umlaufvermögen in den einzelnen Stellen durchschnittlich investiert sein wird.

Da das ROI-Ziel auch die Ertragsteuern und den Gewinn umfasst, kann es nicht direkt mit der Kostenart kalkulatorische Zinsen gleichgesetzt werden. Der sich ergebende Fehler ist aber gering und fällt im zielorientierten BRW nicht ins Gewicht, da hier ja gerade mit zu erreichenden Werten gearbeitet werden soll.

# 2 Kosten- und Erlösplanung

## 2.1 Gliederung der Betrachtungsobjekte

Ist ein System des betrieblichen Rechnungswesens aufzubauen, tut Klarheit über die Anforderungen an die erwarteten Auswertungen not. Diese Klarheit wird zuerst durch eine sinnvolle Gliederung der Betrachtungsobjekte erreicht. Ansatzpunkt zu dieser Gliederung sind die Fragen, die in der Einleitung zu diesem Teil formuliert wurden.

- Welche Arten von Kosten entstehen? → Kostenarten
- Wo entstehen die Kosten? → Kostenstellen
- Wofür entstehen Kosten? → Kostenträger
- Womit, mit welchen Produkten/Leistungen haben wir Erfolg am Markt? → Erlösträger

Die wesentlichsten Punkte, die bei der Gliederung zu beachten sind, sowie die dazu gehörenden Begriffe sind Gegenstand der folgenden Abschnitte.

### 2.1.1 Kostenartengliederung

Zwei Aspekte sind für die Kostenartengliederung von Bedeutung. Einerseits sollten die Kostenarten nach den externen und internen *Versorgungspartnern* der Kostenstellen und -träger gegliedert werden (damit man einen schnellen Überblick darüber erhält, welche Kosten entstehen). Andererseits sollte bei der Gliederung darauf geachtet werden, dass die Kostenverantwortlichen erkennen können, welche Kosten sie selbst beeinflussen und damit verantworten können.

Die Gliederung nach Versorgungspartnern ist eine ähnliche, wie die Gliederung der Aufwandarten (vgl. Teil I, 1.1). Da der Adressat aber in erster Linie ein Kostenstellenleiter ist, werden nur soviele Kostenarten wie nötig gebildet.

| |
|---|
| Materialkosten<br>▪ Rohmaterial und Halbfabrikate |
| Hilfsmaterial und Betriebsstoffe |
| Personalkosten<br>▪ Löhne und Gehälter<br>▪ Überzeitlöhne<br>▪ lohnsummenabhängige Sozialleistungskosten<br>▪ übrige Sozialleistungskosten |
| Unterhaltskosten für Maschinen und Anlagen |
| Energiekosten |
| Büromaterial und Hilfsmittel |
| Porti, Telefon- und Faxkosten |
| Gebühren und Abgaben |
| Werbekosten |
| Entsorgungskosten |
| Übrige Kosten |

Abb. 33 *Ausschnitt aus einem Kostenartenplan*

Die bisher aufgeführten Kostenarten werden unter dem Sammelbegriff *primäre Kostenarten* zusammengefasst. Dies deshalb, weil diese Kosten in den Stellen und auf den Produkten einzeln und eindeutig erfasst werden können und direkt durch Leistungen von ausserhalb des Unternehmens entstehen. Ebenfalls zu den primären Kosten gehören die kalkulatorischen Abschreibungen und Zinsen. Diese werden den Kostenstellen aus der Anlagenbuchhaltung heraus belastet.

Als Gegenstück dazu kennen wir die *sekundären Kostenarten*. Sie entstehen dadurch, dass einer empfangenden Kostenstelle die Kosten für Leistungen einer abgebenden Kostenstelle belastet werden. Kann die Leistung der abgebenden Stelle kostenverursachungsgerecht gemessen werden, handelt es sich um eine echte innerbetriebliche Leistungsverrechnung. Beispiele:

- Unterhaltskosten, von Reparaturstelle erbracht,
- Energiekosten, von Kesselhaus oder Trafo-Station erbracht,

Kann der direkte Kostenverursachungszusammenhang nicht nachgewiesen werden, muss ein Kostenverteilungsschlüssel verwendet werden, sodass es zu einer Kostenumlage kommt. Beispiele für Umlagekostenarten:

- Raumkosten, für von der Gebäudestelle bereitgestellte Räume,
- Materialverwaltungskosten, für die Bereitstellung von Hilfs- und Büromaterial.
- Informatikkosten der EDV-Abteilung,
- Meisterbereichskosten, die den Fertigungsstellen belastet werden.

Primäre Kostenarten entstehen somit immer durch eine Belastung, welche schon in den vorgelagerten Buchhaltungssystemen (Material- und Lohnbuchhaltung) erfasst wird, währenddem sekundäre Kosten nur in der Kostenstellenrechnung berechnet und weiterbelastet werden.

### 2.1.2 Kostenstellengliederung

Da mit dem betrieblichen Rechnungswesen die Führung unterstützt werden soll, ergibt sich als oberstes Gliederungskriterium die Einteilung der Kostenstellen nach dem Organigramm des Unternehmens. Im Organigramm sind jeweils die verantwortlichen Leiter von Organisationsteilen aufgeführt. Es gilt folgende Regel:

Für jede Kostenstelle ist nur eine Person verantwortlich. Eine Person kann jedoch die Verantwortung für mehrere Kostenstellen tragen.

Für die Zwecke der Kostenplanung und der Wirtschaftlichkeitsüberwachung reicht die Organigrammtiefe oft nicht aus. Man sollte die Kostenstellengliederung vor allem im Fertigungsbereich so weit treiben, dass für jede Stelle möglichst nur eine Bezugsgrösseneinheit definiert werden muss. Unter Bezugsgrösseneinheit wird dabei eine Messgrösse verstanden, die es erlaubt, die Leistung einer Kostenstelle zu planen und im Ist zu erfassen und die gleichzeitig die Kostenabhängigkeit von der Leistung der Stelle darzustellen vermag. Bezugsgrösseneinheiten können je nach der erstellten Leistung verschiedenste Einheiten haben: Mitarbeiterstunden, -minuten, Maschinenstunden, kg, Laufmeter, $m^2$, Oberflächen, Gewichte, Stück, etc. Es gibt zwar Systeme, die mit mehreren Bezugsgrösseneinheiten in einer Kostenstelle arbeiten können, doch empfehlen wir deren Einsatz nicht, da damit die Verständlichkeit und die Interpretationssicherheit der Auswertungen für die Kostenstellenleiter verloren geht. Hingegen kann es vorkommen, dass eine bestimmte Kostenstelle mehrere Maschinen unterschiedlicher Leistungsfähigkeit umfasst, mit denen aber gleichartige Arbeiten verrichtet werden. Bei grossen Kostenvolumen empfiehlt es sich in solchen Fällen, eine Kostenstelle in mehrere Kostenplätze zu unterteilen, für die Kosten und Leistungen dann separat geplant werden und für die in der Folge unterschiedliche Kostensätze entstehen.

Kostenstellen werden auch oft in Hauptkostenstellen und Vorkostenstellen unterteilt. Dabei werden unter den Hauptkostenstellen diejenigen Stellen subsummiert, die ihre Leistungen direkt für die Produkte oder für den Markt erbringen (Fertigungsstellen sowie Verwaltung und Vertrieb). Alle Stellen, die ihre Leistungen «nur» für andere Stellen erbringen, sind Vorkostenstellen (Gebäude, Kraftzentrale, Reparaturdienst, Leitungsstellen).

Im Zweifelsfall empfiehlt es sich, die Kostenstellengliederung eher zu tief als zu wenig tief vorzusehen. Insbesondere wenn mehrdimensionale Erfolgsrechnungen (vgl. 2.4.4) geplant sind, sollte die Gliederung im Vertriebsbereich bis zum einzelnen Verkäufer oder Gebietsverantwortlichen gehen.

### 2.1.3 Kostenträgergliederung

Wie der Name sagt, sind mit Kostenträgern die Produkte und/oder Leistungen gemeint, die das Unternehmen erstellt und die damit schlussendlich die Kosten tragen sollen. Ausgangspunkt der Gliederung ist die Produktkartei (Artikelstamm) des Unternehmens. Jedes Fertigfabrikat, das entweder direkt an Kunden verkauft oder an Lager gelegt werden kann, bildet einen Kostenträger. Zugleich bilden aber auch die Halbfabrikate Kostenträger, denn es gilt auch die Wirtschaftlichkeit ihrer Erstellung zu überwachen und die Veränderung der Halbfabrikatebestände zu bewerten. Man kann deshalb sagen, dass die komplette Liste aller hergestellten Produkte auch die Kostenträgergliederung abgibt. In Unternehmen der Serien-, der Auftrags- und der Prozessfertigung finden wir – hierarchisch unter dem Kostenträger – noch die Einheit des Auftrags. Die trifft dann zu, wenn das gleiche Produkt in mehreren Chargen, Losen oder eben Aufträgen hergestellt wird. Damit ergibt sich folgende Hierarchie:

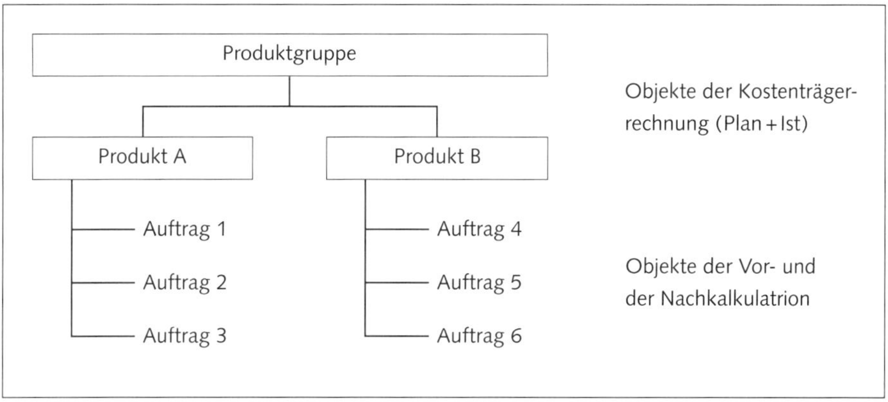


Abb. 34 *Kostenträgerhierarchie*

Als unterste Einheit der Gliederung der Kostenträger ergibt sich somit im Normalfall der einzelne Auftrag. Nur bei Massenfertigung wird direkt das Produkt betrachtet. Wir werden deshalb in der Folge oft auch «Auftrag» schreiben, wenn «Kostenträger» gemeint ist.

### 2.1.4 Erlösträger

Erlösträger sind die schlussendlich an die Kunden verkauften Produkte und Leistungen. Diese stimmen in vielen Unternehmen mit der Fertigfabrikateliste überein, doch muss die verkaufte Menge nicht mit der hergestellten übereinstimmen. Es kommt aber auch vor, dass ein Unternehmen Halbfabrikate herstellt, die es sowohl selbst zu Fertigfabrikaten veredelt, als auch direkt am Markt verkauft. Solche Halbfabrikate sind ebenfalls Erlösträger. Weiter treten Fälle auf, wo aus mehreren Fertigfabrikaten ein neues Güterset als Verkaufsartikel zusammengestellt wird, was wiederum zur Bildung eines neuen Erlösträgers führt.

Schliesslich gibt es Unternehmenstypen, die etwas anderes herstellen, als sie verkaufen. So ist in der Versicherungsbranche der Erlösträger die einzelne verkaufte Police, währenddem das hergestellte Produkt die Abwicklung eines Schadenfalles umfasst. Im öffentlichen Personentransport ist der Erlösträger der einzelne verkaufte Fahrausweis, das hergestellte und eindeutig definierte Produkt andererseits der einzelne Zug oder Bus, der verkehrt. Ob ein Zug verkehrt oder nicht, ist direkt vom veröffentlichten Fahrplan abhängig, ob ein Erlös entsteht jedoch davon, ob zur Zeit eine Nachfrage besteht.

Währenddem die Gliederung der Kostenträger also nur von der innerbetrieblichen Struktur der Leistungserstellung abhängig ist, ist bei der Festlegung der Erlösträger auf die Marktstrukturen abzustellen. Da mit den Daten des betrieblichen Rechnungswesens auch der Erfolg am Markt gesteuert werden soll, die Arten der Marktbearbeitung aber immer vielfältiger werden, entsteht immer öfter der Bedarf nach einer mehrdimensionalen Gliederung der Erlösträger. Für die Produktionsplanung interessiert die Produktgliederung, währenddem für die Absatzplanung eher die Kunden- oder Regionengliederung von Bedeutung sind. Erlösträger sind in marktgerichteten Auswertungen denn auch Kunden, Verkaufsgebiete, Absatzkanäle und Ähnliches. Dies führt, wie wir später detailliert sehen werden, zur mehrdimensionalen Planung und Erfassung der Erlöse:

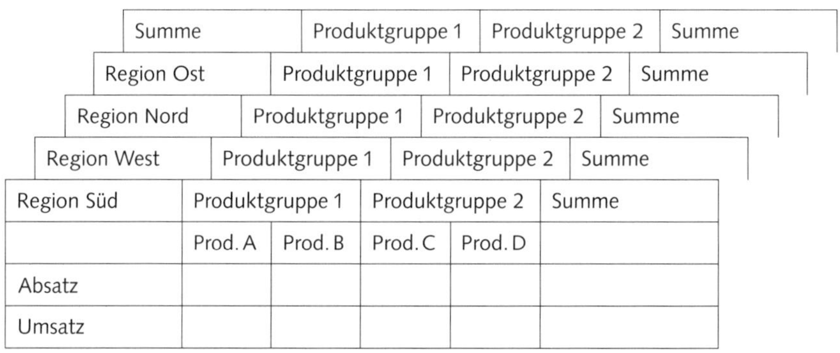


Abb. 35 *Zweidimensionale Erlösgliederung*

Die Produktdimension ist bei der Erlösträgergliederung immer notwendig, da damit die Abstimmung zwischen Leistungserstellung und -verwertung zu finden ist. Die übrigen Dimensionen sind nach der Art der Marktbearbeitung im einzelnen Unternehmen aufzubauen.

### 2.1.5 Kostensachverhalte/Begriffe

Bisher haben wir die Begriffe Kosten und Erlöse verwendet, ohne sie näher zu definieren. Dies ist hier nachzuholen.

#### *2.1.5.1 Erlös und Kosten*

Unter *Erlös* verstehen wir den Gegenwert (Geldwert), den Kunden für die gekaufte und bewertete Leistung entrichten.

Hauptelement sind dabei die verkauften und bewerteten Leistungen, wobei die Bewertung unterschiedlich sein kann. Von Bruttoerlös ist dann die Rede, wenn die verkauften Güter und Leistungen mit ihren Planpreisen bewertet werden. Man spricht dann auch vom Bruttoumsatz. Vom Bruttoumsatz gehen in vielen Unternehmen Rabatte weg, die dann zum Netto- (oder fakturierten) Umsatz führen. Zieht man von dieser Grösse die Skonti, Rückvergütungen, Boni, Provisionen und sonstigen Erlösschmälerungen ab, resultiert der Nettoerlös. Dieser stellt den Geldwert dar, den Dritte zur Deckung der gesamten Kosten des Unternehmens und zur Erzielung eines Gewinnes beitragen.

Warensteuern und sonstige durchlaufende Posten, von denen kein Wert im Unternehmen verbleibt, werden in der Erlösrechnung nicht berücksichtigt.

Insbesondere in Industriebetrieben gibt es aber auch Erträge, die nicht mit Kundenumsätzen im Zusammenhang stehen. Es sind dies Leistungen, die im Unternehmen in der Berichtsperiode erbracht wurden, weil Lagerbestände aufgestockt wurden, mit eigenen Kapazitäten Anlagen erstellt wurden oder neue Produkte entwickelt wurden. Solche Eigenleistungen werden üblicherweise zu Herstellkosten bewertet und als innerbetriebliche Leistung zur Betriebsleistung gezählt. Dabei ist es nicht bestimmend, ob diese Leistungen auch in den Beständen der Bilanz zu finden sind (aktiviert wurden), da ja die Bilanzgestaltung aus steuerlichen oder handelsrechtlichen Gründen eine andere sein kann.

Unter *Kosten* verstehen wir *bewertete* Einsatz- und Ausstossmengen der betrieblichen Leistung.

Diese mengenorientierte Betrachtung ist für das Verständnis der Kostenrechnung von eminenter Bedeutung. Mit der Kostenrechnung soll der Güter- und Leistungskreislauf im Unternehmen dargestellt und geplant werden. Genau dies ist mit der Finanzbuchhaltung unmöglich, weil in einer Buchhaltung per Definition keine Mengen und Leistungen, sondern nur Werte Eingang finden. Zudem können und sollen im betrieblichen Rechnungswesen Einsatzfaktoren anders bewertet werden als im finanziellen. Die Gründe liegen in der unterschiedlichen Zweckorientierung.

Für die Zwecke der Führung, der Entscheidungsfindung und der Verantwortlichkeitsrechnung ist es sehr oft sinnvoll, dass Güter und Leistungen anders als in der Finanzbuchhaltung bewertet werden. So erlaubt es beispielsweise die Anwendung von Standardpreisen, anstelle der effektiv bezahlten Einstandspreise für Roh- und Hilfsmaterial, die Preiswirkungen vom Markt her schon in der Materialbuchhaltung zu isolieren und damit die Abweichungen gegenüber Plan auf reine Mengenwirkungen zu beschränken. Sinngemäss das Gleiche lässt sich durch Standardisierung der Löhne erreichen (vgl. Käfer, *Standardkostenrechnung*). Aus Steuerungsüberlegungen ist es auch richtig, Wiedereinsatzgüter, also Halbfabrikate und Leistungen von anderen Kostenstellen, immer nur mit geplanten (standardisierten) Kosten zu bewerten, da so vermieden werden kann, dass Abweichungen, die in einem anderen Organisationsteil des Unternehmens entstanden sind, in die nachfolgenden Stufen weiterverrechnet werden.

Schliesslich macht es Sinn, bestimmte Kostenarten anders zu bewerten als die entsprechende finanzielle Aufwandart. Das gilt insbesondere für die *kalkulatorischen Abschreibungen* und die *kalkulatorischen Zinsen*. Bilanzielle Abschreibungen werden nach handels- und steuerrechtlichen Prinzipien berechnet, währenddem die kalk. Abschreibungen dafür sorgen sollen, dass die Substanz des Unternehmens im Sinne von Leistungspotential erhalten wird. Wir empfehlen im betrieblichen Bereich die Bemessung der kalkulatorischen Abschreibungen vom Wiederbeschaffungs- oder vom *Tageswert*, da nur so das einmal vorhandene Leistungspotential wieder beschafft werden kann. Im finanziellen Rechnungswesen ist die Abschreibung vom Anschaffungswert grundsätzlich vorgeschrieben. Als Zinsen gelten in der Finanzbuchhaltung nur die effektiven Aufwände für die Fremdkapitalverzinsung. Für das führungsorientierte betriebliche Rechnungswesen schlagen wir die Erstellung eines *Gewinnbedarfsbudgets* vor, in dem sämtliche Anforderungen an das ins Unternehmen investierte Vermögen berücksichtigt werden. Daraus lässt sich ein ROI-Satz berechnen, der gleichzeitig als Zinssatz für die kalkulatorischen Zinsen dienen kann (vgl. 1.4.2).

#### *2.1.5.2 Abgrenzung zwischen Aufwand und Kosten*

Weil im betrieblichen Rechnungswesen Kosten als bewerteter Faktoreinsatz und Güterausstoss verstanden werden, im finanziellen Rechnungswesen aber die wertmässigen Beziehungen zur Umwelt erfasst werden, ergeben sich automatisch Fragen der Abgrenzung zwischen Aufwand und Kosten. Die Fachbegriffe hierfür sind die zeitliche und die sachliche Abgrenzung.

*Zeitliche Abgrenzung* beinhaltet die periodengerechte Feststellung des Aufwandes und wird ausschliesslich in der Finanzbuchhaltung vorgenommen. Durch Zusatzbuchungen werden aperiodisch auftretende Aufwände periodengerecht aufgeteilt. Dies kommt vor allem bei Rechnungen für Sach- und Personenversicherungen, Energieabrechnungen, Zinszahlungen für Kredite, Akonto-Zahlungen und Mieten, die quartals- oder semesterweise fällig werden, vor. Wird keine richtige Lagerbuchhaltung geführt, sondern werden alle Einkäufe direkt den Aufwandkonten belastet, muss zudem durch Verbrauchsaufschreibungen oder durch Inventur am Periodenende der Materialaufwand retrograd ermittelt werden.

Der abgegrenzte Aufwand ist im weiteren sachlich gegenüber den Kosten abzugrenzen. Diese Arbeit wird von den kontierenden Buchhaltern und Kostenrechnern laufend während des Jahres ausgeführt. Sie müssen dafür sorgen, dass

- Aufwendungen, die nichts mit dem Betriebszweck zu tun haben, nicht Eingang in die Kostenrechnung finden (diese bezieht sich ja nur auf den eigentlichen Betrieb),
- die Aufwendungen, die summenmässig den Kosten entsprechen – das ist die Mehrheit der Beträge – auch auf Kostenstellen oder Kostenträger kontiert werden,
- kalkulatorische Kosten, denen kein Aufwand entspricht (kalkulatorische Wagniskosten, kalkulatorischer Unternehmerlohn) wohl in der Kostenrechnung geplant und belastet werden, nicht aber in der Aufwandrechnung,
- Kostenarten, die betragsmässig nicht mit dem entsprechenden Aufwandkonto übereinstimmen, mit den betrieblich relevanten Beträgen in der Kostenrechnung geplant und erfasst werden (zum Beispiel kalkulatorische Abschreibungen und kalkulatorische Zinsen).

Eine sinngemässe Abgrenzung kann auch zwischen *Erträgen* und *Erlösen* nötig sein. Neutrale Erträge sind keine Erlöse und gehören damit auch nicht in die Erlösrechnung. Eigenleistungen führen, wie im vorangehenden Abschnitt erwähnt, zu Erlösen, können, aber müssen nicht, auch zu buchhalterischen Erträgen werden. Dies ist eine Frage der Aktivierung von Beständen, die nach steuerrechtlichen Gesichtspunkten handzuhaben ist.

### *2.1.5.3 Proportionale und fixe Kosten*

Im Planungsprozess wird für verschiedene Kostenstellen, vor allem im Fertigungsbereich, eine Planleistung festgelegt. Diese Planleistung stimmt selten mit der Istleistung überein. Deshalb kam man zur Erkenntnis, die Kosten einer Kostenstelle aufzuspalten in den Teil, der sich abhängig von der erbrachten produktiven Leistung ändern soll und in den Teil, der unverändert bleibt. Damit kann man die Plankosten unterschiedlicher Leistungsvolumen bestimmen, was für die nachgelagerten Systeme der Kostenträger- und der kurzfristigen Erfolgsrechnung sowie für den Soll-Ist-Vergleich von ausschlaggebender Bedeutung ist.

Diese Kostenspaltung – auch Kostenauflösung genannt – führt zur Unterscheidung zwischen *proportionalen* und *fixen Kosten*. Für diese Unterscheidung bedienen wir uns der Definition im *Controller-Wörterbuch* (CWB, S. 124), weil sie sich in der Praxis am besten bewährt hat:

> Proportionale Kosten sind diejenigen Kosten, die das Produkt oder die Leistung direkt verursachen, damit sie physisch existieren. Fixe Kosten sind das Komplement dazu.

Um diese Definition in ihrer Tiefe verstehen und anwenden zu können, muss man technisch denken. Es ist die Struktur des Produkts oder der Dienstleistung, die ihre proportionalen Kosten definiert. Die Struktur ist gegeben durch das Mengengerüst (Stückliste, Rezept, Losgrösse) und durch das Zeitgerüst (Operationsplan, Arbeitsplan, Zeitvorgaben):

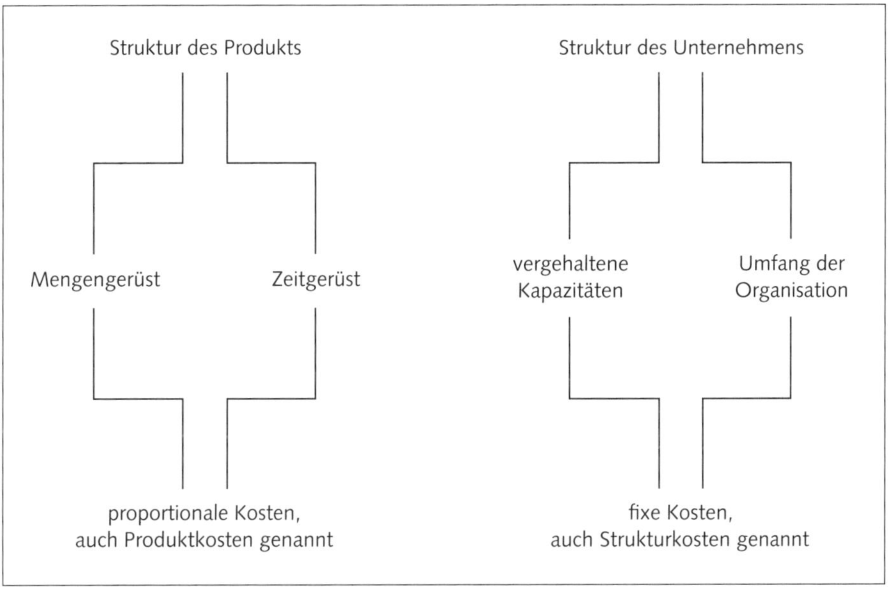


Abb. 36 *Einteilung der Kosten nach ihrer Struktur*

Material und Fremdleistungen, die gemäss der technischen Spezifikation eines Produkts oder einer Dienstleistung in dieses Produkt eingehen, bilden somit den einen Teil der proportionalen Kosten (Vorgabemenge x Standardpreis). Den anderen Teil der proportionalen Kosten bilden die Fertigungskosten der Kostenstellen, die direkt von der produktiven Leistung dieser Stelle abhängig sind und im Operationsplan zum Produkt aufgeführt werden (Vorgabezeit x proportionaler Kostensatz). Zu den proportionalen Kosten einer Kostenstelle gelangt man, indem man in der Planung fragt, welche Kostenteile sich proportional zur produktiven Leistung verhalten sollen. Unserer Definition folgend und technisch verbrauchsorientiert denkend, sind das die Kosten, die entstehen, weil sie in das gefertigte Produkt oder in die Leistung eingehen. Das sind zur Hauptsache Lohn- und davon direkt abhängige Kosten, Hilfsmaterial, Betriebsstoffe, Energie und verschleissbedingte Abschreibungen. Alle anderen Kostenbestandteile der Kostenstelle sind fix; zum Beispiel Löhne und Gehälter, die für nicht direkt produktive Leistungen geplant werden, leistungsunabhängige Betriebsstoff- und Energieverbräuche, zeitbedingte Abschreibungen, Raumkosten und Zinsen. (Wie diese Kostenspaltung im einzelnen durchzuführen ist, wird im Kapitel 2.2 gezeigt). Für die Anwendung dieser Definition ist somit eine klare Produktdefinition wichtig.

Die eindeutige Beschreibung der herzustellenden Produkte oder Dienstleistungen ist die Voraussetzung zur Bestimmung der proportionalen Kosten.

Ein kleines Beispiel erleuchtet diesen Zusammenhang: Ein Unternehmen stellt Filzstifte her, die es sowohl einzeln unverpackt als auch in 100-er Schachteln ans Lager legt. Es ist offensichtlich, dass damit zwei verschiedene Produkte bestehen, nämlich der einzelne Filzstift und die gefüllte Schachtel. Die Schachtel umfasst im Mengengerüst 100 einzelne Stifte sowie das Material für die Verpackung und im Zeitgerüst zusätzlich die Vorgabezeit für den Verpackungsvorgang. In Dienstleistungsunternehmen rühren die Schwierigkeiten, klar zwischen proportionalen und fixen Kosten zu unterscheiden, meistens daher, dass man den Leistungsumfang einer Dienstleistung nicht exakt bestimmt. Welche Leistungen sind ursächlich notwendig, damit ein einzelnes Konzert aufgeführt werden kann? Dazu kann man sinngemäss wie im Industriebetrieb eine Stückliste und einen Operationsplan erarbeiten.

Oft werden die Begriffe «variable Kosten» oder «Grenzkosten» gleichbedeutend wie proportionale Kosten verwendet. Das ist wissenschaftlich nicht ganz richtig, doch soll diese Vereinfachung hier gelten. Der Begriff «variable Kosten» sollte überhaupt nicht verwendet werden, da daraus in der praktischen Anwendung sehr oft eine Verwechslung mit «beeinflussbaren Kosten» entsteht.

Mit der Unterscheidung zwischen proportionalen und fixen Kosten kommen wir in die Lage, leistungsgerecht aufzuzeigen, welche Kosten ein Produkt oder eine Dienstleistung gemäss Planung aus dem Lager (Stückliste) und aus den Kostenstellen (Operationsplan) «entnimmt». Der vorne verlangte Verursachungszusammenhang kann damit gewährleistet werden. Soweit eine Kostenstelle Kapazitäten vorhält oder aus politischen oder strategischen Gründen vorhalten muss (zu gross dimensionierte Anlagen oder Verwaltungsbereiche) entstehen daraus fixe Kosten. Mit anderen Worten, Kostenstellenleistungen, die nicht in die Produkte eingehen können, verursachen fixe Kosten. In Verwaltungs-, Vertriebs- und reinen Leitungsstellen sind demzufolge immer nur fixe Kosten zu planen.

Weil diese fixen Kosten durch Entscheidungen bezüglich kapazitativer und organisatorischer Strukturen eines Unternehmens begründet werden, spricht man auch von Strukturkosten.

### *2.1.5.4 Beeinflussbare und kalkulatorische Kosten*

Soll das betriebliche Rechnungswesen als Verantwortungsrechnung aufgebaut werden, ist es notwendig aufzuzeigen, welche Kosten von welchen Personen beeinflusst und auch verantwortet werden können. Nun können aber nicht alle Kosten, die einer Kostenstelle zugeordnet werden, auch von deren Leiter direkt beeinflusst werden. Bei Löhnen und Gehältern ist die Beeinflussbarkeit meistens gegeben, da der Stellenleiter über den Einsatz der Mitarbeiter (eventuell nicht über deren Lohnhöhe) direkt entscheidet. In der Folge kann er auch diejenigen Sozialleistungskosten verantworten, die lohnsummenabhängig sind. Von seiner Fähigkeit, den Leistungserstellungsprozess in der Kostenstelle zu steuern, hängt auch der Verbrauch von Hilfs- und Betriebsstoffen und von Energie ab. Gleiches gilt für den Verbrauch von Büromaterial, Unterhaltsleistungen und Reise- und Ausbildungskosten.

Kann jedoch der Verbrauch eines bestimmten Gutes in einer Kostenstelle nicht eindeutig gemessen werden, ist auch die direkte Beeinflussbarkeit in dieser Kostenstelle nicht gegeben, was den Stellenleiter aus seiner direkten und kurzfristigen Verantwortung entlässt. Dies kommt dann vor, wenn die Belastung einer Kostenstelle von einer zentralen Stelle bestimmt wird oder wenn Kosten trotz fehlendem eindeutigem Verursachungszusammenhang auf die Kostenstellen verteilt (geschlüsselt) werden. Diese Kostenarten werden als kalkulatorische bezeichnet:

- Kalkulatorische Abschreibungen und Zinsen (vom Controller auf der Basis der Anlagenbuchhaltung und des Gewinnbedarfsbudgets bestimmt).
- Kalkulatorische Raumkosten, kalkulatorische Kosten für Materialverwaltung, kalkulatorische Leitungskosten von Meisterstellen und Betriebsleitung (das sind fixe Umlagekosten, die nach einem willkürlich gewählten Schlüssel den empfangenden Kostenstellen zugerechnet werden).
- Belastung für Telefon, Porti, Energie, etc. (das sind eigentlich in der Kostenstelle beeinflussbare Kosten, deren Verbrauch aber aus Mangel an geeigneten Messsystemen nicht effektiv gemessen wird und die deshalb ebenfalls geschlüsselt werden müssen).

Alle diese Kostenarten kann der belastete Kostenstellenleiter nur mittel- bis langfristig, das heisst in einem Zeithorizont von mehr als einem Jahr und nur indirekt beeinflussen, dann nämlich, wenn die neue Kostenplanung erarbeitet wird und die Kostenaufschlüsselung neu definiert wird. Im Laufe des Jahres bleiben aber die Belastungen unverändert.

Die Unterscheidung zwischen beeinflussbaren und kalkulatorischen Kosten ist für die direkte Steuerung des Kostenaufkommens wichtig, währenddem das Begriffspaar «proportionale und fixe Kosten» hauptsächlich bei Entscheidungen über Mengenveränderungen angewendet wird.

*2.1.5.5 Einzelkosten und Gemeinkosten*

Als drittes Begriffspaar werden uns im Zusammenhang mit der Isterfassung die Einzelkosten und die Gemeinkosten begegnen. Nach alter Definition sind Einzelkosten diejenigen Kosten, die man direkt an einen Kostenträger adressieren kann, was im Normalfall nur gerade den Material- und den Fremdleistungskosten gemäss Stückliste entspricht. Diese Definition genügt aber für das führungsorientierte Rechnungswesen nicht mehr. Hier muss sichergestellt werden, dass sämtliche Kosten des Unternehmens, wenn sie zum ersten Mal erfasst werden, als Einzelkosten an eine Kostenstelle, einen Auftrag oder einen Kostenträger adressiert werden können. Mit dieser Vorgehensweise wird erreicht, dass in der primären Erfassung alle Kosten einer verantwortlichen Position zugeordnet werden.

Einzelkosten sind Kosten, die eindeutig mittels Beleg und ohne Schlüsselung einem Bezugsobjekt zugeordnet werden können. Gemeinkosten sind das Komplement dazu.

Diese Arbeitsdefinition lässt zu, dass sowohl Einzelkosten einer Kostenstelle als auch eines Auftrags oder Produkts entstehen können. Proportionale Fertigungskosten einer Kostenstelle sind vom Auftrag aus betrachtet ebenfalls Einzelkosten, weil sie eindeutig mit Beleg und ohne Schlüsselung zugeordnet werden können. Werbekosten sind Gemeinkosten für das einzelne Produkt, aber Einzelkosten der Werbeabteilung. Diese Erläuterungen zeigen, dass die Begriffe Einzel- und Gemeinkosten im führungsorientierten Rechnungswesen immer relativ zum gerade betrachteten Bezugsobjekt zu verwenden sind.

#### *2.1.5.6 Absatz- und umsatzabhängige Kosten*

Im Bereich der marktorientierten Planung und Steuerung des Erfolges findet sich eine letzte Kostengruppe, die von der Struktur des Absatzes und nicht von der Struktur der Produkte abhängig ist. Diese Kosten lassen sich nicht in die Kategorien proportionale und fixe Kosten fassen, da sich solche Kosten sowohl fix als auch proportional zur abgesetzten Menge oder zum Umsatz verhalten können. Dabei handelt es sich um Kostenarten wie:

- Fracht- und Transportkosten der Auslieferung
- Transportverpackung
- Transportversicherung
- Gebühren, Abgaben, Zölle
- Prüfungskosten für Abnahme oder Inbetriebnahme

Nur wenige dieser Kostenarten können detailliert vorausgeplant werden, da die Abhängigkeiten erst dann bekannt werden, wenn der definitive Kunde feststeht. Mangels exakterer Angaben behilft man sich deshalb oft damit, diese Kostenarten als Prozentsatz der geplanten Umsatzwerte zu planen.

#### *2.1.5.7 Übersicht zu den Kostenbegriffen*

Die Vielzahl der behandelten Kostenbegriffe erscheint verwirrlich. Trotzdem werden diese Begriffe im führungsorientierten Rechnungswesen benötigt und in der Folge auch immer wieder eingesetzt. Für das Verständnis ist es wichtig zu erkennen, dass wir Kosten aus vier verschiedenen Richtungen definiert haben:

- Kosten gegenüber Aufwand (Abgrenzung zwischen finanziellem und betrieblichem Rechnungswesen),
- Struktur der Kosten (proportionale und fixe),
- Beeinflussbarkeit der Kosten (beeinflussbare und kalkulatorische),
- Erfassbarkeit der Kosten (Einzel- und Gemeinkosten).

Die drei letztgenannten Richtungen durchdringen sich gegenseitig, wie das nachfolgende Schaubild zeigt. Mit etwas Übung lassen sich darin sämtliche Kostenelemente konkreter Situationen eindeutig lokalisieren.

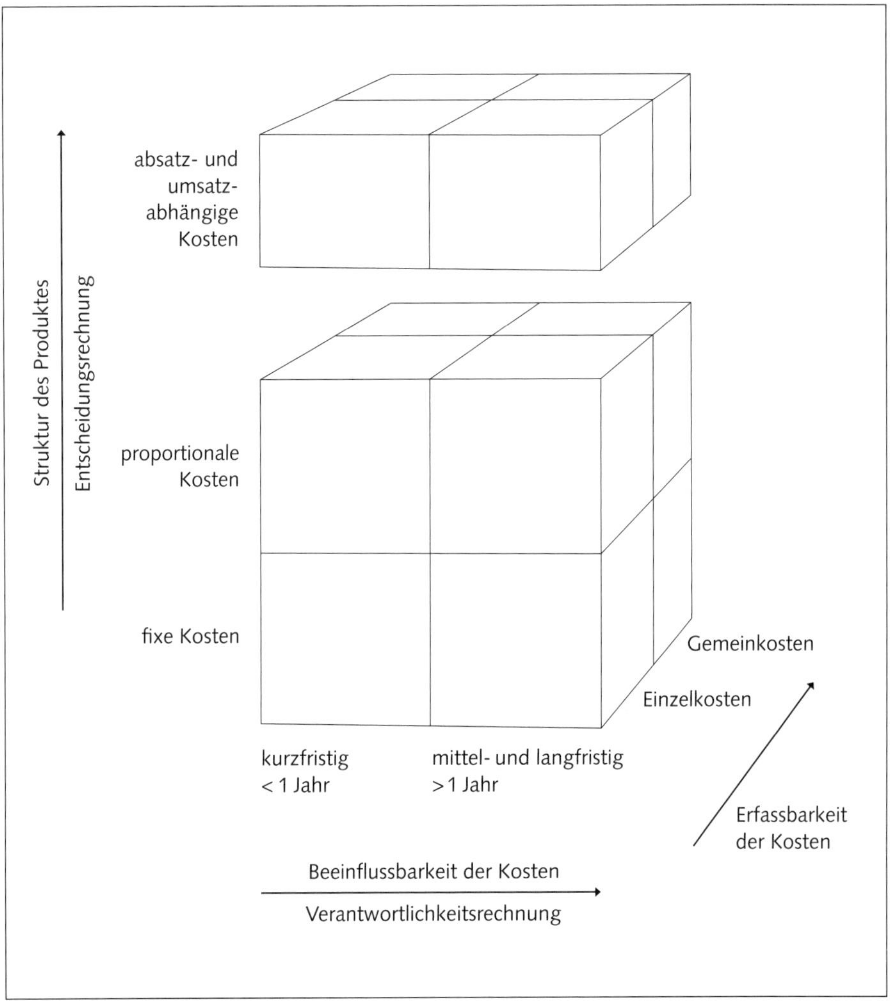


Abb. 37 *Kostenbegriffspaare*

## 2.2 Kostenstellenplanung

In diesem Kapitel wird die Vorgehensweise beim Erstellen der Kostenstellenpläne behandelt. Auch hier können wiederum nicht alle Einzelheiten detailliert behandelt werden; es geht darum, einen Überblick zu vermitteln. Aus der Kostenstellenplanung sollen folgende Grössen und Werte hervorgehen:

Wo (in welchen Kostenstellen) sollen welche Kostenarten entstehen? Für welche Leistung (Planbeschäftigung) werden diese Kosten geplant? Welche Plankostentotale und welche Kostensätze ergeben sich? Welche Teile der geplanten Kosten sind direkt vom Kostenstellenleiter beeinflussbar und damit auch zu verantworten? Welche Kostenelemente ändern sich abhängig von der erbrachten produktiven Leistung?

Da die Kostenstellenplanung jeweils für ein Geschäftsjahr erstellt wird, geht man davon aus, dass

- Kapazitäten (leistungs- und anlagenmässig)
- Verfahren (Herstellungsverfahren, Arbeitsabläufe)
- Ausstattung

innerhalb einer Kostenstelle für das Planjahr gegeben sind. Nur grundsätzliche Änderungen in den Kapazitäten, im Fertigungsverfahren und in den zu verwendenden Werkzeugen machen eine unterjährige Revision der Planung erforderlich.

### 2.2.1 Planbeschäftigung

Die Voraussetzungen zur Festlegung der Planbeschäftigung sind in früheren Kapiteln genannt worden. Hier wird davon ausgegangen, dass

- die Kostenstellen definiert sind (vgl. 2.1.2),
- für jede Kostenstelle eine Bezugsgrösseneinheit bestimmt ist (vgl. 2.1.2),
- für jede Fertigungsstelle die geplante oder erwartete produktive Leistung ermittelt worden ist (vgl. 1.3).

Somit ist hier noch die definitive Planbeschäftigung zu ermitteln, nach der sich dann die eigentliche Planung der Kosten auszurichten hat. In den meisten Fällen wird man direkt die produktive Leistung aus der Jahresplanung übernehmen können. Besonders bei Einführung der Kostenrechnung oder bei grösseren Unsicherheiten im Markt wird man jedoch die im Rahmen der Jahresplanung gerechnete Planbeschäftigung noch korrigieren, um Leistungsreserven einzubauen. So kann sich zum Beispiel für die Stanzerei eine Planbeschäftigung von 19'000 Arbeitsminuten pro Monat ergeben, doch legt man diese auf 22'000 Minuten fest, weil man Verschiebungen im Product Mix erwartet, die zu höheren Leistungsanforderungen an die Stanzerei führen werden. In jenen Fertigungs- und Hilfsstellen, die nicht direkt in Abhängigkeit vom Absatzplan geplant werden können, ist die erwartete Planbeschäftigung noch definitiv festzulegen. Diese lässt sich nicht rein rechnerisch ableiten, sondern basiert letztlich auf einem Management-Entscheid. So wird zum Beispiel für die Reparaturstelle festgelegt, dass sie für eine produktive Leistung von 160 Stunden pro Monat ausgelegt wird.

Planbeschäftigungen sind für die Fertigungs- und Fertigungshilfsstellen festzulegen, da nur deren Leistungen direkt in die Produkte eingehen. Bei allen anderen Stellen werden entweder Leistungsstandards festgelegt, wenn die Leistungen zwar messbar aber nicht in direktem Verursachungszusammenhang mit den Kosten stehen (zum Beispiel Gebäude oder Materialstelle), oder gar nichts, wenn sich die Stellenleistung nicht herstellmengenbezogen messen lässt (zum Beispiel Leitungs- und Vertriebsstellen).

### 2.2.2 Primäre Kostenbetreffnisse

Auf der Grundlage der geplanten Leistung wird nun analytisch gefragt, welche Kosten minimal nötig sein werden, um diese Leistung zu erbringen. Durch diese Fragestellung wird die bereits angesprochene Wirtschaftlichkeit der Leistungserstellung vorgespurt. Die Bestimmung der Plankosten nimmt der Kostenstellenleiter, der nachher für die Einhaltung der geplanten Kosten verantwortlich sein wird, zusammen mit dem Kosteningenieur oder dem Controller vor. Kostenartenweise wird nun überlegt, wie hoch die Gehälter, die Löhne, in Abhängigkeit davon die Sozialleistungen, die Hilfsmaterialverbräuche, usw. anzusetzen sind. Dabei muss die Grundüberlegung sein:

> Welches sind die minimalen Kosten, um die geforderte Leistung zu erbringen?

Es empfiehlt sich, während dieser alljährlichen Arbeit zu notieren, wie man zu den Planbeträgen gekommen ist, da in vielen Situationen umfangreiche technische und wirtschaftliche Annahmen zugrundegelegt werden. Dieser Arbeitsgang ist abgeschlossen, wenn alle primären Kosten, das heisst diejenigen Kostenarten geplant sind, die nicht erst durch die innerbetriebliche Leistungsverrechnung, durch Umlage oder durch kalkulatorische Belastung bestimmt werden.

### 2.2.3 Kostenspaltung

Die Diskussion der Kostenbegriffe hat gezeigt, dass zur Beantwortung der Frage, wofür die Kosten entstehen werden, erkannt werden muss, welche der Kosten direkt von den in die Produkte eingehenden Leistungen abhängig sind. Dazu sind die geplanten primären Kosten der Kostenstellen in ihren leistungsabhängigen proportionalen und in ihren fixen Anteil aufzuspalten. Dieser Arbeitsgang geschieht in den Kostenstellen kostenartenweise und wird durch folgende Überlegung gesteuert:

> Welcher Anteil des geplanten Kostenbetreffnisses wird bei Erreichen der Planbeschäftigung direkt in die erstellte produktive Leistung eingehen?

Auch hier ist wieder technisch verbrauchsorientiert zu denken. Es ist offensichtlich, dass die Löhne in einer direkt produktiv arbeitenden Stelle zur Hauptsache proportionale Kosten darstellen. Fixe Lohnkostenanteile fallen vor allem für Reinigungsarbeiten und für Ausbildung (Verbesserung der Kapazität) an. Sind der Meister oder der Vorarbeiter aber teilweise ebenfalls produktiv tätig, das heisst ist ihre Arbeitsleistung direkt nötig, dass die Planbeschäftigung geleistet werden kann, sind auch deren Gehalts- oder Lohnkosten im entsprechenden Anteil als proportional zu planen. Es kommt somit nicht auf den Vertrag an, den das Unternehmen mit einem Mitarbeiter hat (Gehalt, Monats- oder Stundenlohn), sondern auf die Art des Arbeitseinsatzes. Raumpflegerinnen sind sehr oft im Stundenlohn tätig, trotzdem verursachen sie fixe Kosten, da sie sich um die Sauberkeit der Räume «bemühen».

Der Verbrauch an Hilfs- und Betriebsstoffen ist in einer Kostenstelle zur Hauptsache von der erbrachten Leistung abhängig, also ist (den erwarteten Verbräuchen entsprechend) auch der grösste Teil proportional einzuplanen. Maschinen müssen aber auch gewartet und unterhalten werden, wenn sie nicht laufen. Dafür steht der fixe Anteil in den Kostenarten Unterhalt und Betriebsstoffe.

Bei Reise- und Ausbildungsspesen sowie übrigen primären Kosten ist der nicht direkt leistungsabhängige Teil in vielen Fällen gewichtiger, weshalb man ihn auch fix einplant. Diese Planungsarbeit könnte in der Kostenstelle Stanzerei zu folgendem vorläufigen Kostenplan führen:

| Kostenplan | | Kostenstelle 22001 Stanzerei | | |
|---|---|---|---|---|
| Planbeschäftigung pro Monat: 19'000 Mitarbeiterminuten | | | | |
| Nr. | Kostenart | Total | Proportional | Fix |
| 01 | Gehälter | 3'200.– | | 3'200.– |
| 02 | Löhne | 4'800.– | 4'750.– | 50.– |
| 03 | Kalk. Sozialleistungen | 800.– | 475.– | 325.– |
| 05 | Büromaterial | 20.– | | 20.– |
| 06 | Hilfs- und Betriebsstoffe, | 1'100.– | 980.– | 120.– |
| 08 | Werkzeuge | 120.– | 100.– | 20.– |
| 13 | Elektrizität, Wasser | 1'180.– | 1'035.– | 145.– |
| 14 | Reparaturen + Unterhalt | 300.– | 260.– | 40.– |
| Vorläufige Kostentotale | | 11'520.– | 7'600.– | 3'920.– |

Abb. 38 *Vorläufiger Kostenplan Stanzerei*

Kostenplanung und Kostenspaltung sind aber noch nicht komplett, denn in vielen Unternehmen gilt es auch den Austausch innerbetrieblicher Leistungen einzuplanen.

### 2.2.4 Innerbetriebliche Leistungen (IBL)

Durch die wachsende Komplexität und Verflochtenheit der Leistungserstellung nimmt auch das Volumen der Leistungen, die eine Kostenstelle für andere Kostenstellen erbringt, laufend zu. Diese Leistungsverflechtung gilt es auch in der Kostenplanung zu berücksichtigen, da sonst die Kostenvolumen der einzelnen Stellen nicht vollständig geplant werden können und damit auch die Kostensätze nicht richtig sind. Es empfiehlt sich, die Leistungsverflechtungen zuerst grafisch aufzuzeichnen, damit der Überblick gewährleistet wird.

Eine derartige Darstellung könnte sich folgendermassen präsentieren:

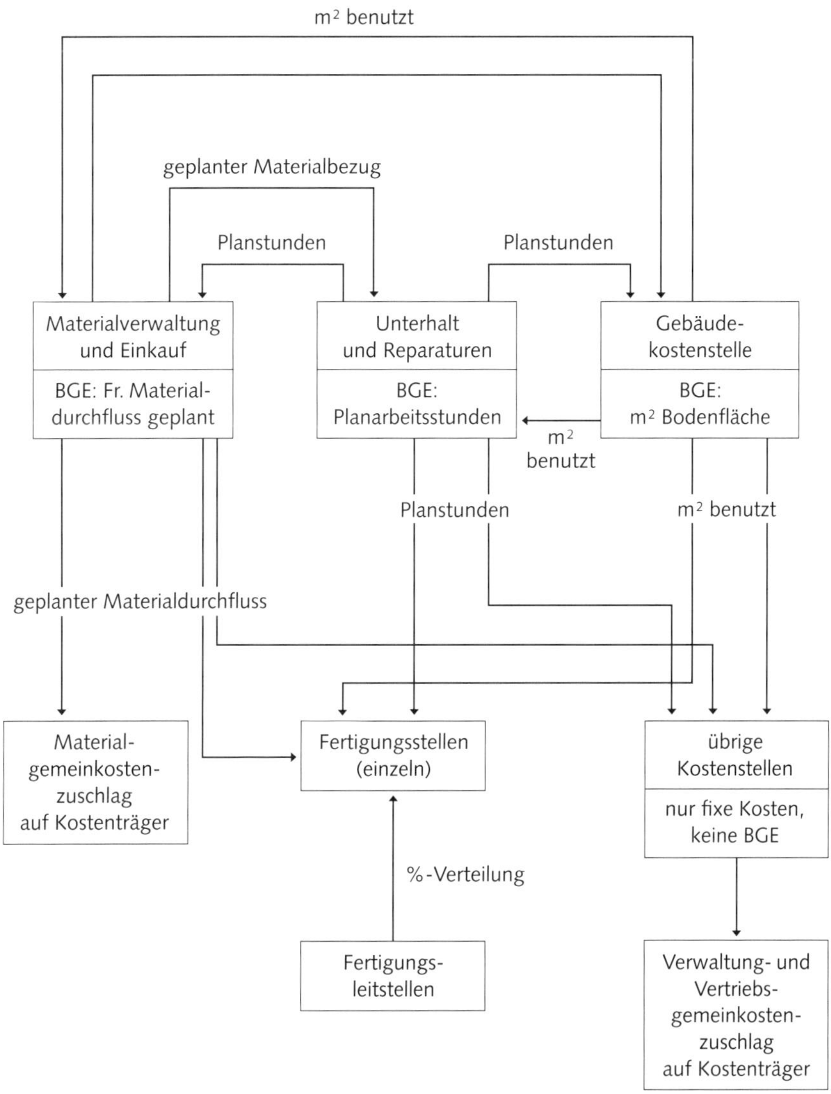


BGE = Bezugsgrösseneinheit

Die beiden Zuschläge für Material- und Verwaltungs- und Vertriebsgemeinkosten werden hier der Vollständigkeit halber aufgeführt, jedoch erst in der Kalkulation behandelt.

Abb. 39 *Leistungsbeziehungen zwischen Kostenstellen*

Am Einfachsten zu planen sind die Vorkostenstellen, die nur Leistungen an andere Stellen abgeben, jedoch keine empfangen. Etwas schwieriger wird die Planung, wenn gegenseitiger Leistungsaustausch vorgesehen ist, da die Kostensätze der leistenden Kostenstelle ja erst endgültig berechnet werden können, wenn die der empfangenden ebenfalls bekannt sind. Zur Lösung dieses Problems sind zwei Verfahren entwickelt worden:

- das Annäherungsverfahren und
- das Simultanverfahren (wird hier nicht behandelt, vgl. Kilger, W., *Flexible Plankostenrechnung*, S. 426ff.)

Im Annäherungsverfahren werden zuerst diejenigen Kostenstellen geplant, die von wenigen anderen Stellen Leistungen empfangen, wobei für die geplanten Empfänge ein Schätzwert eingesetzt wird, der sich aus dem bisherigen Plankostenvolumen der leistenden Stellen und dem geplanten Leistungsaustausch ergibt. Für die Kostenstelle Unterhalt und Reparaturen ergäbe sich der in Abbildung 40 dargestellte Plan.

Mit den ermittelten Kostensätzen vorgelagerter Kostenstellen, lässt sich nun die Kostenplanung in den Stellen Material und Raum weiterführen, so dass dort wiederum neue Kostentotale und Kostensätze entstehen. Mit diesem schrittweisen Vorgehen kann man sich an die richtigen Kostensätze der einzelnen Stellen heranrechnen, indem die sich neu ergebenden Sätze für die weitere Planung verwendet werden. Die Unterhaltskosten der Raumkostenstelle werden dort übrigens in der Kostenart Unterhalt und Reparaturen gemäss geplantem Leistungsbezug von der Reparaturstelle berechnet (zum Beispiel zehn Stunden à 36.81 = 368.– proportional und zehn Stunden à 12.47 = 125.– fix).

In diesem Zusammenhang sei einmal mehr darauf hingewiesen, dass das betriebliche Rechnungswesen nur so genau wie nötig, nicht so genau wie möglich aufzubauen ist. Die Höhe der von der Raum- und von der Materialstelle als kalkulatorische Kosten geplanten Belastung der Reparaturstelle ist in diesem Beispiel von den Schlüsselgrössen «benutzte m$^2$» bzw. «geplanter Materialdurchfluss» abhängig. Diese Schlüsselgrössen wurden aber – mangels eines direkten Verursachungszusammenhanges – willkürlich gewählt. Ebenso gut könnte man «benutzte m$^3$» oder «geplantes Materialgewicht» verwenden, die Kostenumlage wäre immer noch nicht ganz richtig. Weil die Leistungen der beiden Kostenstellen eben nicht in einem Leistungs- und Mengengerüst zu erfassen sind, das die wirkliche Kostenverursachung darstellt, können die fixen Kosten nie genau den verschiedenen Produkten oder durch innerbetriebliche Leistungsverrechnung

Raumkostenstelle m²: 1'200
bediente Fläche

prov. Kostentotal: 10'200
(nur fixe Kosten)
Kostensatz pro m²: 8.50

benutzte m²: 80
80 x 8.50 = 680

geplanter Materialbezug: 1'000
26 % von 1'000 = 260

Materialstelle
geplanter Materialdurchfluss
pro Monat: 13'800
(in Fr.)
prov. Kostentotal: 3'570
Kostensatz pro Fr.
Materialbezug 26 %

Kostenplan: Reparaturen und Unterhalt
Planbeschäftigung: 160 Arbeitsstunden / Monat

| Kostenart | Total | prop. | fix |
|---|---|---|---|
| Löhne | 4'500 | 4'000 | 500 |
| Sozialleistungen | 675 | 600 | 75 |
| Betriebsstoffe | 400 | 350 | 50 |
| Werkzeuge | 600 | 600 | – |
| Energie | 120 | 90 | 30 |
| Übrige Kosten | 650 | 250 | 400 |
| Beeinflussbar | 6'945 | 5'890 | 1'055 |
| kalk. Raumkosten | 680 | | 680 |
| kalk. Materialstelle | 260 | | 260 |
| prov. Kostentotal | 7'885 | 5'890 | 1'995 |
| prov. Kostensatz | 49.28 | 36.81 | 12.47 |

Abb. 40 *Planung der innerbetrieblichen Leistungsverrechnung*

den nachfolgenden Kostenstellen zugerechnet werden. Diese Diskussion liesse sich weiterführen; wenn durch die Wahl mehrerer Schlüsselgrössen, der Hauptteil der fixen Kosten von Materialverwaltung und Einkauf auf die verschiedenen Stellen verteilt werden könnte, blieben am Schluss immer noch die Gehaltskosten des Stellenleiters, für die sich kein verursachungsgerechter Schlüssel finden liesse, weil seine Arbeit weder im Plan noch im Ist vollständig bis auf die einzelnen Produkte verfolgt werden kann.

Daraus können wir schliessen, dass es sich gar nicht lohnt, viel Zeit und Arbeit auf die Wahl und Anwendung von Schlüsseln zur Fixkostenverrechnung zu verwenden. Eine exakte Umlage ist nie möglich. Für die Zwecke der Vollkostenrechnung (vgl. 2.3.2.3) wird diese Fiktion zwar aufrechterhalten, doch muss man sich bei der Interpretation ihrer Aussagen auch die Schlüsselungsannahmen vor Augen halten. Der Aufwand, innerbetriebliche Leistungen leistungsabhängig zu planen und zu verrechnen, lohnt sich somit nur dort, wo die abgebende Kostenstelle proportionale Kosten zu planen hat.

### 2.2.5 Komplettierung der Kostenstellenpläne

Ist die Planung der innerbetrieblichen Leistungsverrechnung abgeschlossen, können die Kostenstellenpläne fertiggestellt werden. Dazu sind einmal die noch nicht geplanten kalkulatorischen Kosten einzutragen. Die wichtigsten sind die kalkulatorischen Abschreibungen und die kalkulatorischen Zinsen. Kalkulatorische Abschreibungen sollten, wie in 2.1.5.1 beschrieben, linear vom Tageswert eines neuen, leistungsgleichen Ersatzgutes berechnet werden. Die Werte für die kalkulatorischen Abschreibungen werden aus der Anlagenbuchhaltung entnommen.

Gehören mehrere Anlagengüter zu einer Kostenstelle, sind die sich ergebenden Abschreibungsbeträge in einer Summe einzutragen. Für die Festsetzung der kalkulatorischen Zinsen sind die Zinsen des Kapitalmarktes sowie die Finanzierung des Unternehmens entsprechend zu berücksichtigen. Die Ausgangsdaten dazu sind:

- das betriebsnotwendige investierte Vermögen, gemäss Anlagenbuchhaltung sowie Aufteilung nach Kostenstellen
- die Zinskosten für dieses Vermögen, die sich zusammensetzen aus:
  - geplanten Fremdzinsen
  - Eigenkapitalverzinsung inklusive Zuschlag für Immobilisierung und Risiko (vgl. zur näheren Bestimmung Viel/Bredt/Renard, S. 121 ff.)

Im Sinne der Zielorientierung des Rechnungswesens empfehlen wir jedoch, an Stelle der kalkulatorischen Zinsen direkt ein ROI-Ziel als Kostenart anzusetzen (vgl. 1.4). Damit wird zwar der zu erreichende Gewinn schon in diese Kostenart hineingerechnet, was vielen Lehrbüchern widerspricht, doch kann man sich andererseits so auch die Planung vereinfachen (weniger Kostenarten), ohne die Qualität zu verringern.

Sind alle Kosten der Kostenstellen geplant, ist als Nächstes die Kostenspaltung zu vervollständigen. Aus dem Vorgang der innerbetrieblichen Leistungsverrechnung sind folgende Plankostenbetreffnisse in der empfangenden Kostenstelle denkbar:

- Die leistungsempfangende Kostenstelle ist eine reine Fixkostenstelle; dann sind auch alle aus IBL zu erwartenden Kosten fix einzuplanen.
- Die leistungserbringende Kostenstelle ist ebenfalls eine reine Fixkostenstelle; dann sind die IBL auch in allen empfangenden Kostenstellen fix einzuplanen, da es sich dann um reine Kostenumlagen handelt.
- Abgebende und empfangende Kostenstelle erbringen bzw. erhalten direkt produktive Leistungen und haben damit sowohl proportionale als auch fixe Kosten geplant. Eine eindeutige Verursachungsbeziehung besteht in diesem Fall, bezieht sich jedoch nur auf den proportionalen Kostensatz der abgebenden Stelle. In der empfangenden Stelle sind somit die geplanten IBL mit dem proportionalen Kostensatz der abgebenden Stelle zu multiplizieren und als proportionale Kosten einzuplanen, währenddem der Fixkostenanteil der leistenden Kostenstelle auch in der empfangenden fix zu planen ist. Für die Kostenstelle «Reparaturen und Unterhalt» ergibt sich hieraus folgendes Bild:

*kalkulatorische Abschreibungen:*
Tageswert aller Anlagen
Rep. und Unterhalt: 60'000
geplante Nutzungsdauer: 5 Jahre
Abschreibung p. a.: 12'000
Abschreibung p. Monat: 1'000

Kostenplan: Reparaturen und Unterhalt
Planbeschäftigung: 160 Arbeitsstunden / Monat

| Kostenart | Total | prop. | fix |
|---|---|---|---|
| | | | |
| Beeinflussbar | 6'945 | 5'890 | 1'055 |
| kalk. Raumkosten | 680 | | 680 |
| kalk. Materialstelle | 260 | | 260 |
| kalk. Abschreibung | 1'000 | | 1'000 |
| kalk. ROI-Ziel | 625 | | 625 |
| prov. Kostentotal | 9'510 | 5'890 | 3'620 |
| prov. Kostensatz | 59.44 | 36.81 | 22.63 |

ROI-Ziel: 15 %
gemäss Gewinnbedarfsbudget
In Rep. und Unterhalt investiertes
Vermögen: 50'000
davon 15 %: 7'500
pro Monat: 625

Abb. 41 *Kostenplanung in der abgebenden Kostenstelle «Reparaturen und Unterhalt»*

In der Kostenstelle Stanzerei haben sich auf diese Art die schon berücksichtigten Unterhalts- und Reparaturkosten von 1'035 und 145 ergeben. Dabei ist zu beachten, dass sich diese Kostenart aus primären (direkt von ausserhalb des Unternehmens kommend) und sekundären (von Kostenstelle Reparaturen und Unterhalt) Plankosten zusammensetzt.

| Plankosten der Kostenart Rep. und Unterhalt | prop. | fix |
|---|---|---|
| *in der Stanzerei Planleistung von:* Rep. und Unterhalt: 5 Stunden/Mt. | 184 | 113 |
| *Fremdleistungen:* Wartungs-abonnement Stanzmaschinen | 226 | |
| Unterhalt Schleifmaschinen | 625 | |
| Messgeräteeichung für Werkzeug | | 32 |
| Totale | 1'035 | 145 |

| Kostenstelle: Stanzerei 22001<br>Planbeschäftigung:<br>19'000 Mitarbeiterminuten/Monat | | | |
|---|---|---|---|
| Kostenart | Total | prop. | fix |
| Rep. und Unterhalt | 1'180 | 1'035 | 145 |

Abb. 42 *Planung der Kostenart «Reparaturen und Unterhalt» in der Kostenstelle Stanzerei*

Aus diesem Beispiel wird auch ersichtlich, wie die Kostenstellenplanung abgeschlossen wird. Das Endresultat sind die fertig ausgefüllten Kostenpläne aller Stellen mit

- geplanter Verrechnung der innerbetrieblichen Leistungen,
- Unterscheidung zwischen beeinflussbaren und kalkulatorischen Kosten,
- Aufspaltung in sich proportional und fix zur Beschäftigung verhaltende Kosten (nur in direkt produktiven Stellen),
- Kostentotalen und
- Kostensatz proportional Bezugsgrösseneinheit.
- Die Fixkostensätze werden, da sie sich ja nicht proportional zur Leistung verhalten, gar nicht ausgerechnet.

## 2.3 Kostenträgerplanung

Mit Hilfe der Kostenträgerrechnung soll geplant und später ermittelt werden, wieviel die einzelnen Produkte und Dienstleistungen, die ein Unternehmen erstellt, kosten werden bzw. gekostet haben. Es geht somit um die Frage, wofür die Kosten entstehen. Die Kostenträgerrechnung ist damit im Zusammenhang mit der Leistungserstellung zu sehen, sie ist rein produktionsorientiert. Die Voraussetzungen, die schon in der Kostenstellenplanung genannt wurden, gelten auch hier. Das bedeutet, dass die Kapazitäten und die Produktionsverfahren in der Planperiode als gegeben betrachtet werden.

In vielen Lehrbüchern wird die Kostenträgerrechnung auch zur marktorientierten Rechnung ausgebaut. Diesen Teil gliedern wir aber zur Erhaltung der Klarheit der Begriffe in die kurzfristige Erfolgsrechnung ein.

Um sowohl in der Planung als auch später im Soll-Ist-Vergleich die für Entscheidungen notwendige Kostentransparenz zu erhalten, sollte jede Kostenträgerrechnung so aufgebaut werden, dass man nachvollziehen kann, aus welchen Kostenelementen sich die Kosten eines Produkts im einzelnen zusammensetzen. Minimal sollten folgende Subtotale erkennbar sein:

- *Proportionale Herstellkosten oder Produktkosten:* Kosten, die das Produkt oder die Dienstleistung entsprechend ihrem Mengen- und Zeitgerüst im Unternehmen verursachen,
- *Volle Herstellkosten:* proportionale Herstellkosten plus anteilig zugeschlüsselte Fixkosten der Fertigung,
- *Selbstkosten:* volle Herstellkosten plus anteilig zugeschlüsselte Fixkosten für alle übrigen Funktionsbereiche des Unternehmens (das, was das verkaufte Produkt unter Beachtung des geplanten Produktmixes der geplanten Beschäftigungen und der übrigen Kostenstellenpläne kosten wird).

Diese Definitionen weisen schon darauf hin, dass nur die proportionalen Herstellkosten eindeutig die Kosten eines Produkts wiedergeben. Die fixen Kosten der Kostenstellen werden ja – wie in 2.1.5.3 dargestellt – nur durch Anwendung mehr oder weniger willkürlich gewählter Schlüsselgrössen auf die Produkte verteilt. Diese Erkenntnis wird vor allem für die Gestaltung der kurzfristigen Erfolgsrechnung wichtig sein.

### 2.3.1 Formen der Kostenträgerrechnung

Kostenträgerrechnung ist eigentlich ein Sammelbegriff für verschiedene Ausführungsformen. Wichtigste Untergruppen sind:

- *Die Kostenträgerzeitrechnung:* Sie umfasst alle in einer Periode herzustellenden oder hergestellten Einheiten.
- *Die Kalkulation:* Sie bezieht sich auf jeweils eine Einheit, sei es ein Stück, ein Auftrag oder ein Los.

Für die Durchführung der verschiedenen Kostenträgerrechnungen gibt es zudem verschiedene Anlässe:

| | Kostenträgerzeitrechnung | Kalkulation |
|---|---|---|
| Planung | Plankostenträgerrechnung über alle herzustellenden Produkte gemäss Fertigungsplan | Plan- oder Vorkalkulation eines einzelnen Produktes, Auftrages oder Loses mit Vorgabewerten (Zeiten und Mengen) |
| Ist (mit anschliessendem Soll-Ist-Vergleich) | Berechnung der Kosten aller hergestellten Produkte einer Periode mit Abgrenzung der angefangenen Aufträge = eigentliche Kostenträgerzeitrechnung | Nachkalkulation abgeschlossener Aufträge, Projekte und hergestellter Produkte; Zwischenkalkulation von Aufträgen und Projekten, die noch nicht abgeschlossen sind |
| Angebot | | Kalkulation eines Produkts oder Auftrags, mit dem Ziel, eine Verkaufspreisidee zu finden |

Abb. 43 *Formen der Kostenträgerrechnung*

Wenn von Kalkulation die Rede ist, meint man in der Regel die Stück- oder Einzelkalkulation. Neben der Stückkalkulation werden in der Praxis Kalkulationen durchgeführt für die Bestimmung der Kosten

- eines Fertigungsauftrags über eine bestimmte Anzahl Stück des gleichen Produkts,
- eines Kundenauftrags, der sich aus mehreren Fertigungsaufträgen zusammensetzt,
- eines Loses von zum Beispiel 100 oder 1'000 Stück (entweder Fertigungsauftrag oder ein Mehrfaches),
- einer Charge von zum Beispiel 50 kg oder einer Tonne,
- einem Fass von zum Beispiel 200 Liter
- einer für den Eigenbedarf zu erstellenden Leistung (innerbetrieblicher Auftrag, zum Beispiel für selbstgebaute Anlagen),
- eines Forschungs- oder Entwicklungsauftrags oder eines Kundenprojektes.

Dahinter steht häufig die Absicht, mittels Kalkulation den «richtigen» Verkaufspreis zu finden. Dieses Unterfangen kann nicht gelingen, weil sich der Preis eines Gutes im Spiel von Angebot und Nachfrage bildet (auch wenn dieser Mechanismus manchmal etwas undurchsichtig ist). Aus der Sicht des Unternehmens gilt eigentlich immer folgende Maxime:

Der Verkäufer muss am Markt für ein bestimmtes Produkt immer den höchstmöglichen Preis realisieren.

Werden jedoch neue Produkte auf den Markt gebracht, für die es noch keine Konkurrenz gibt, oder werden im Rahmen von Auftragsfertigung kundenspezifisch herzustellende Güter angeboten, ist es hilfreich, mit einem Kalkulationsverfahren eine Idee für den minimal zu realisierenden Verkaufspreis finden zu können.

Unabhängig vom Einfluss des Unternehmens auf seinen Markt und umgekehrt, muss es in jedem Fall die Höhe der Kosten eines Stücks, Auftrags oder Projekts kennen. Allein schon der Vergleich zwischen erzielbarem Marktpreis und entstandenen Kosten gibt nützliche Hinweise hinsichtlich Produktverbesserung und Kostensenkungen.

Die bekanntesten Kalkulationsverfahren werden in den folgenden Abschnitten als Planungsrechnung gezeigt. Im Kapitel über den Soll-Ist-Vergleich sollen dann auch die Entscheidungen, die auf der Basis von Kalkulationsdaten zu treffen sind, besprochen werden.

### 2.3.2 Einige wichtige Kalkulationsverfahren

Die Grundstruktur der Kalkulationsverfahren ist durch den Erzeugungsprozess eines Produkts vorbestimmt. Vereinfacht ergibt sich folgendes Bild:

| |
|---|
| Materialkosten |
| + Fertigungskosten<br>= Herstellkosten |
| + Kosten für Verwaltung und Vertrieb<br>= Selbstkosten |

Diese einfache Struktur lässt sich je nach der Komplexität der Leistungserstellung und gewähltem Kalkulationsverfahren verfeinern. Es lassen sich grundsätzlich vier Kalkulationsformen unterscheiden:

- Divisionskalkulation
- Zuschlagskalkulation
- Bezugsgrössenkalkulation
- Kuppelproduktkalkulation

Die Kuppelproduktkalkulation ist vor allem in der Prozessfertigung (Chemie, Gas, Öl) üblich; auf sie soll hier nicht näher eingegangen werden. Die verschiedenen Formen der Zuschlagskalkulation und der Bezugsgrössenkalkulation sind auch für Dienstleistungsbetriebe geeignet. Zwar hat der Materialteil weniger oder gar keine Bedeutung, doch die Fertigungsleistungen können den Dienstleistungsprodukten in gleicher Form zugeordnet werden.

#### *2.3.2.1 Divisionskalkulation*

Bei der einfachen Divisionskalkulation werden die gesamten Periodenkosten durch die in der gleichen Periode hergestellten und abgesetzten Leistungen dividiert. Daraus ergeben sich die Stückkosten je Einheit. Beispiel:

| | |
|---|---|
| Gesamtkosten im Monat | 280'000 |
| Erzeugte und abgesetzte Leistungen in Stück | 10'000 |
| Selbstkosten je Stück | 28.– |

Diese einfache Kalkulation basiert auf den Voraussetzungen, dass nur ein Produkt gefertigt und die gesamte produzierte Menge auch abgesetzt wird, das heisst keine Änderungen im Fertiglagerbestand möglich sind. Trotzdem gewährt diese Kalkulation selbst bei den äusserst seltenen Situationen in der Praxis keinen Einblick in die Kostenstruktur.

Wird nach wie vor nur ein Produkt hergestellt, das aber gelagert werden kann, führt folgende Lösung zu exakteren Erkenntnissen.

Hergestellte Menge: 10'000 Stück
Abgesetzte Menge: 9'500 Stück

| | Material | Fertigung | Verwaltung | Vertrieb | Total |
|---|---|---|---|---|---|
| Periodenkosten | 60'000.00 | 140'000.00 | 30'000.00 | 50'000.00 | 280'000.00 |
| Menge | 10'000 | 10'000 | 9'500 | 9'500 | |
| Stückkosten | 6.00 | 14.00 | 3.15 | 5.25 | |
| Total/Stück | 20.00 | | 8.40 | | 28.40 |
| | Herstellkosten der produzierten Leistungen | | Verwaltungs- und Vertriebskosten der abgesetzten Leistungen | | Selbstkosten abgesetzte Leistungen |

Abb. 44 *Divisionskalkulation bei Lagerhaltung*

Da hier nur ein Produkt hergestellt wird, kann man vereinfachend die gesamten Fertigungskosten auf die hergestellten Produkte verteilen. Die Kosten für Verwaltung und Vertrieb dürfen jedoch nur den abgesetzten Einheiten zugerechnet werden, weil sie in der Periode entstehen, in denen die Leistung verkauft wird. Die Mengenbasis für die Berechnung der Selbstkosten pro Einheit ist immer die abgesetzte Menge.

Die Äquivalenzziffernkalkulation als Sonderform der Divisionskalkulation wird eingesetzt, wenn mehrere lagerhaltige Produkte mit gleichen Rohstoffeigenschaften gefertigt werden. Voraussetzung ist allerdings, dass alle Sorten zeitlich nacheinander auf den gleichen Anlagen verarbeitet werden, wobei die einzelnen Sorten die Kostenstellen in einem unterschiedlich definierten zeitlichen Verhältnis in Anspruch nehmen. Beispiele dafür sind:

- Herstellung von Walzblech unterschiedlicher Dicke,
- Herstellung von Kupferdraht unterschiedlicher Durchmesser,
- Herstellung von Porzellan, das ein- oder mehrmals gebrannt werden muss,
- Herstellung von elektrischer Energie unterschiedlicher Spannung.

Diese Art der Herstellung wird als Sortenfertigung bezeichnet. Dieser Produktionstyp kann auch nur in einzelnen Fertigungsbereichen eines Unternehmens vorkommen. In diesem Fall gelangt ebenfalls die Äquivalenzziffernkalkulation zur Anwendung.

| Sorte (Blechdicke) | Herstell-menge in t | Aequivalenz-ziffern (Durchgänge) | Rechnungs-einheiten | Kosten inklusive Warmblech | Kosten je t |
|---|---|---|---|---|---|
| 10 mm | 2'000 | 1 | 2'000 | 20'000.00 | 10.00 |
| 6 mm | 2'000 | 3 | 6'000 | 60'000.00 | 30.00 |
| 4 mm | 4'000 | 4 | 16'000 | 160'000.00 | 40.00 |
| 2 mm | 5'000 | 5 | 25'000 | 250'000.00 | 50.00 |
| 1 mm | 7'000 | 6 | 42'000 | 420'000.00 | 60.00 |
| | 20'000 | 1 | 91'000 | 910'000.00 | |
| Die 910'000 entsprechen der Summe der Einzelmaterialkosten und der Kostenstellenkosten für die Walzerei. | | | | | |

Abb. 45 *Äquivalenzziffernkalkulation in einem Blechwalzwerk*

Rechnungsvorgang:
- Rechnungseinheiten = Herstellmenge x Äquivalenzziffer
- Kosten pro Rechnungseinheit = Totalkosten : Summe Rechnungseinheiten
- Kosten pro Sorte = Rechnungseinheiten x Kosten pro Rechnungseinheit

### *2.3.2.2 Zuschlagskalkulation*

Wie der Name sagt, werden in allen Verfahren der Zuschlagskalkulation Zuschläge auf verschiedene Basen gerechnet, bis – in Schichten – die Herstell- und die Selbstkosten resultieren. Sie eignet sich für Unternehmen, in denen die Einzelmaterialkosten den grössten Teil der vollen Herstellkosten darstellen.

| Produkt | A | B | C | Summe | |
|---|---|---|---|---|---|
| Herstellmenge = verkaufte Menge<br>Einzelmaterialkosten/Stück | 1'000<br>10.00 | 2'000<br>6.00 | 3'000<br>5.00 | | Basis und Zuschlagssatz |
| Einzelmaterialkosten (Volumen)<br>Fertigungskosten (alle Kostenstellen der Fertigung)<br>Zuschlagssatz | 10'000<br><br>50 % | 12'000<br><br>50 % | 15'000<br><br>50 % | 37'000<br>18'500 | 100 % |
| Herstellkosten<br>– Volumen<br>– pro Stück | 15'000<br>15.00 | 18'000<br>9.00 | 22'500<br>7.50 | 55'500 | 100 % |
| Verwaltungs- und Vertriebskosten (alle Kostenstellen)<br>Zuschlagssatz<br>Selbstkosten/Stück | 20 %<br>18.00 | 20 %<br>10.80 | 20 %<br>9.00 | 11'100 | 20 % |

Abb. 46 *Einfache Zuschlagskalkulation*

Die einfachste Form geht von den Einzelmaterialkosten aus, welche via Mengengerüst eindeutig für das jeweilige Produkt berechnet werden können. Darauf wird ein Zuschlag für die Fertigungskosten gerechnet, was die Herstellkosten der Produkte ergibt. Auf die Herstellkosten werden wiederum in Form eines prozentualen Zuschlages die Verwaltungs- und Vertriebskosten verrechnet.

Mit diesem Beispiel soll verdeutlicht werden, dass solche einfachen undifferenzierten Zuschlagskalkulationen nur sehr begrenzt verwendbar sind. Die ganze Berechnung basiert auf dem Wert des einzusetzenden Materials und lässt ausser acht, dass das eine Produkt eine bestimmte Kostenstelle mehr in Anspruch nehmen kann als das andere. Weiter ist auch nicht ersichtlich, welche Kosten sich bei Änderung der Herstellmenge ebenfalls ändern sollten. Zuschlagskalkulationen auf Einzelmaterialbasis eignen sich auch nicht für moderne Fertigungskonzepte mit computergesteuerten Bearbeitungszentren, da dort die Fertigungskosten einen teilweise mehrfach höheren Anteil an den Gesamtkosten haben als die Materialkosten.

Solche und ähnliche Vorbehalte haben die Entwicklung differenzierender Verfahren der Zuschlagskalkulation veranlasst, die alle das Ziel verfolgen, die Fertigungskosten verursachungsgerechter auf die Produkte zu verteilen. So werden beispielsweise in einem Verfahren die Kosten einzelner Kostenstellen nur denjenigen Produkten zugerechnet, von denen sie auch durchlaufen werden. Bei einem anderen Verfahren werden verschiedene Fertigungsstufen unterschieden und mit jeweils einem eigenen Zuschlagssatz verrechnet. Aber auch diese Verfahren können nur in wenigen Situationen befriedigen, was zur Entwicklung der Bezugsgrössenkalkulation führte.

#### *2.3.2.3 Bezugsgrössenkalkulation*

Die Bezugsgrössenkalkulation orientiert sich am technischen Ablauf der Fertigung und will den hergestellten Produkten diejenigen Kosten zuordnen, die das Produkt in den einzelnen Kostenstellen auch wirklich verursacht hat. Dieses Verfahren wird ebenfalls zu den Zuschlagskalkulationen gezählt, soll hier aber gesondert behandelt werden, weil es sich in der Praxis am besten durchgesetzt hat. Es eignet sich vor allem für den Einsatz in

- Serien- und Auftragsfertigungsbetrieben,
- Betrieben mit werkstattähnlicher Fertigung,
- Handelsbetrieben, die kleine Veredelungsschritte selbst durchführen,
- Bauunternehmen,
- Architektur-, Engineering- und Beratungsunternehmen,
- Versicherungen sowie
- öffentlichen Verwaltungen

Voraussetzung für den Einsatz der Bezugsgrössenkalkulation ist die produkteweise Kenntnis der Mengen- und Zeitgerüste, also der Stücklisten und Operationspläne oder Rezepte, sowie eine Kostenstellenplanung wie in Kapitel 2.2 beschrieben.

Die folgende Kalkulationsstruktur hat sich durchgesetzt und kann deshalb auch als Orientierungsgerüst für die weiteren Ausführungen dienen:

| | | |
|---|---|---|
| 1 | | Einzelmaterialkosten |
| 2 | + | proportionale Fremdleistungskosten |
| 3 | + | proportionale Fertigungskosten |
| 4 | = | proportionale Herstellkosten (proportionale Kosten) |
| 5 | + | Materialgemeinkostenzuschlag |
| 6 | + | anteilige fixe Fertigungskosten |
| 7 | + | Sondereinzelkosten der Fertigung |
| 8 | = | volle Herstellkosten |
| 9 | + | Sondereinzelkosten des Vertriebs |
| 10 | + | Verwaltungsgemeinkostenzuschlag |
| 11 | + | Vertriebsgemeinkostenzuschlag |
| 12 | = | Selbstkosten |

1 Die Einzelmaterialkosten umfassen alles Material (zu Standardpreisen), das dem Produkt eindeutig zugerechnet werden kann. Dazu sind – hier für die Planungsrechnung gezeigt – folgende Daten nötig:

| Stückliste zu 4-Ringbuch | | |
|---|---|---|
| Artikel-nummer | Bezeich-nung | Vorgabe-menge |
| 300010 | Karton | 0,2 $m^2$ |
| 205060 | Stahldraht | 0,04 kg |
| 300090 | Blech | 0,01235 $m^2$ |
| . | | |
| . | | |

| Materialkartei (Artikelstammdatei) | | |
|---|---|---|
| Artikel-nummer | Bezeich-nung | Standard-preis |
| 300010 | Karton | 0.20/$m^2$ |
| 205060 | Stahldraht | 2.50/kg |
| 300090 | Blech | 8.50/$m^2$ |

Abb. 47 *Basisdaten zur Einzelmaterialberechnung*

Daraus lassen sich die Einzelmaterialkosten für ein 4-Ringbuch errechnen:

| | |
|---|---|
| Karton | 0.040 |
| Stahldraht | 0.100 |
| Blech | 0.105 |
| | 0.245 |

Als Standardpreise werden diejenigen Werte eingesetzt, von denen der Einkauf glaubt, dass sie dem durchschnittlichen Einstandspreis des Planjahres entsprechen werden (vgl. Standardkostenrechnung).

In der Stückliste und in der Materialkartei können Einzelteile und Baugruppen enthalten sein, die bereits im Zwischenlager vorhanden sind. In diesem Fall ist darauf zu achten, dass sowohl die proportionalen als auch die fixen Herstellkosten dieser Teile in der Materialkartei hinterlegt werden.

2 Unter *proportionalen Fremdleistungen* sind Kostenelemente zu verstehen, die für auswärts erbrachte Fertigungsleistungen entstehen und pro Stück zu bezahlen sind (zum Beispiel Spezialaufdruck auf dem Ringbuch).

3 Die *proportionalen Fertigungskosten* sind diejenigen Kosten, welche bei der Erzeugung direkt in das jeweilige Produkt eingehen. Auch hierzu sind wieder technische Daten als Basis notwendig:

| Operationsplan zu 4-Ringbuch | | |
|---|---|---|
| Operations-nummer | Kostenst.-nummer | Vorgabe-leistung |
| 1 | 22000 | 0,75 Min. |
| 2 | 23001 | 4 Stück |
| 3 | 23002 | 1,20 Min. |
| 4 | 24000 | 1,25 Min. |
| 5 | 25000 | 1,50 Min. |

| Kostenstellenverzeichnis | | | |
|---|---|---|---|
| Kostenst.-nummer | Bezeich-nung | Kostensätze prop. | fix |
| 22000 | Stanzerei | –.4000 | –.7560 |
| 23001 | Walzen | –.0375 | –.0718 |
| 23002 | Biegen | –.3018 | –.1039 |
| 24000 | Kartonage | –.3600 | –.1534 |
| 25000 | Montage | –.3000 | –.1743 |

Abb. 48 *Basisdaten zur Fertigungskostenberechnung*

Als proportionale Fertigungskosten ergeben sich für das 4-Ringbuch:

| | |
|---|---|
| Stanzerei | 0.300 |
| Walzen und Stanzen | 0.150 |
| Biegen und Vernickeln | 0.362 |
| Kartonage | 0.450 |
| Montage | 0.450 |
| | 1.712 |

4 Durch Addition der bisherigen Resultate 1 bis 3 ergeben sich nun die proportionalen Herstellkosten, 1,957 pro Stück. Dieser Betrag zeigt, getreu den Definitionen in 2.1.5.3, welche Kosten ein Stück 4-Ringbuch direkt verursachen wird. Etwas salopp könnte man sagen, dass für 1,957 eindeutig zuordenbare Kosten in dieses Produkt «hineinschlüpfen» werden.

5 Ab dieser Position werden fixe Kosten auf die Produkte verteilt, ohne dass die Verteilung der wirklichen Kostenverursachung entsprechen muss. Der *Materialgemeinkostenzuschlag* wird für die Funktionen Einkauf und Materialverwaltung/Lager belastet. Weil in einem Lager sehr viele Produkte mit unterschiedlichen Dimensionen, Mengen, Gewichten und Werten lagern, ist es unmöglich, die Kosten der Funktion eindeutig den einzelnen Produkten zuzuordnen. Es hat sich deshalb eingebürgert, einen Zuschlag in Prozent des geplanten Wertedurchflusses durch das Lager zu belasten.

$$\frac{\text{Kostentotal Lager und Einkauf pro Monat}}{\text{Geplanter wertmässiger Materialdurchfluss pro Monat}} \quad \frac{8'970.–}{13'800.–} \times 100 = 65\,\%$$

6 *Anteilige fixe Fertigungskosten* werden in der Bezugsgrössenkalkulation auf der gleichen Zeitgerüstbasis berechnet wie die proportionalen, nur dass dieses Mal der Fixkostensatz angewendet wird:

| | |
|---|---|
| Stanzerei | 0.567 |
| Walzen und Stanzen | 0.287 |
| Biegen und Vernickeln | 0.125 |
| Kartonage | 0.192 |
| Montage | 0.261 |
| | 1.432 |

Die Fixkostensätze der Kostenstellen sind ja entstanden, indem die fix geplanten Kosten der Stellen (vor allem Gehälter, Umlagen, kalkulatorische Abschreibungen und Zinsen) durch die Planbeschäftigung dividiert wurden. Dadurch wird hier die Fiktion aufrechterhalten, dass diese Kosten ebenfalls von der hergestellten Menge abhängen. Ob fixe Kosten verändert werden, hängt aber nicht von der Menge, sondern von Managerentscheiden ab. Dies gilt es bei kostenbasierten Entscheidungen immer zu berücksichtigen.

7 *Sondereinzelkosten der Fertigung* sind Kosten, die man nicht einem einzelnen Stück, sondern nur einem Auftrag oder einem Produkt als Ganzem zuordnen kann. Sehr oft fallen darunter Kosten für Werkzeuge, Vorrichtungen, Schablonen, Transporte und ähnliches. Obwohl es sich – bezogen auf das Stück – um Fixkosten handelt, kann man sie eindeutig dem Bezugsobjekt Auftrag oder Produkt zuordnen, was für die Angebotskalkulation und die Deckungsbeitragsrechnung wichtig sein wird.

8 Die *vollen Herstellkosten* einer Einheit zeigen, wieviel das fertiggestellte Stück am Fertiglager kostet. Somit sind alle Kosten des Fertigungsbereichs abgedeckt. Diese Grösse ist manchmal für die Bewertung von Lagerbeständen an Halb- und Fertigfabrikaten wichtig, eignet sich wegen der zugeschlüsselten Fixkosten aber nicht für Entscheidungsrechnungen. In unserem Beispiel ergibt sich als Total:

| | |
|---|---|
| Proportionale Herstellkosten | 1.957 |
| Materialgemeinkostenzuschlag: 65% von –.245 | 0.159 |
| Anteilige fixe Fertigungskosten | 1.432 |
| = volle Herstellkosten | 3.548 |

9 Auch die *Sondereinzelkosten des Vertriebs* sind fixe Kosten eines Auftrags oder Produktes. Sie werden gesondert von den SEK der Fertigung aufgeführt, weil sie erst zum Zeitpunkt des Vertriebs entstehen und so auch nicht in die Herstellkosten eingerechnet sind. Dazu zählen zum Beispiel Vertriebsfrachten, Transporte, Versicherungen, Gebühren, Abgaben und Zölle, soweit sie für einzelne Aufträge anfallen, sowie Fremdkosten für Tests und Prüfungen.

10 Wie der Materialgemeinkostenzuschlag wird auch der Verwaltungsgemeinkostenzuschlag als prozentualer Zuschlagssatz gerechnet. Die 100%-Basis sind aber dieses Mal die Herstellkosten der abgesetzten und nicht der hergestellten Einheiten. Beispiel:

$$\frac{\text{Kostenstellenkosten aller Verwaltungsfunktionen}}{\text{Herstellkosten der abgesetzten Einheiten}} \qquad \frac{47'687}{135'400} \times 100 = 35{,}2\,\%$$

11 Der *Vertriebsgemeinkostenzuschlag* wird gleich berechnet wie 10, wobei aber dieses Mal die Kostenstellenkosten – ausgenommen die Sondereinzelkosten des Vertriebes – aller Verkaufs- und Vertriebskostenstellen angesetzt werden. Die beiden Zuschlagssätze können, wie das Beispiel zeigt, nur über die Kostenträgerzeitrechnung ermittelt werden, da nur so das Herstellkostenvolumen als Basiswert berechnet werden kann. Der sich ergebende Zuschlagssatz kann dann aber auch in der Einzelkalkulation angewendet werden. Im Beispiel beträgt der Vertriebsgemeinkostenzuschlagssatz 10.8 %.

12 Die Selbstkosten einer Einheit entstehen wiederum durch Addition:

| | |
|---|---|
| volle Herstellkosten | 3.548 |
| Verwaltungsgemeinkosten: 35.2 % von 3.548 | 1.249 |
| Vertriebsgemeinkosten: 10.8 % von 3.548 | –.383 |
| Selbstkosten pro Einheit | 5.180 |

Der Selbstkostenwert pro Stück enthält nun folgende Aussage:
Es sind diejenigen Kosten, die für 1 Stück 4-Ringbuch entstehen werden (Planungsrechnung), wenn

- sämtliche Kosten des Unternehmens eingerechnet und
- nach Massgabe der geplanten Beschäftigungsgrade und
- unter Beachtung der gewählten Schlüsselgrössen

anteilig diesem Produkt zugerechnet werden.

Die Selbstkosten, ob in der Plan- oder in der Istrechnung, sind somit ein Näherungswert, können aber, weil man eben die fixen Kosten nicht eindeutig einer Produkteinheit zuordnen kann, nie exakt die Kosten eines Produkts darstellen. Diese Einschränkung gilt es – auch für die vollen Herstellkosten – nicht zu vergessen. Als Fazit ist festzuhalten, dass man die echten vollen Kosten eines Produktes mangels Verursachungszusammenhang nie wird berechnen können. Der Wert der Bezugsgrössenkalkulationsmethode wird dadurch nicht geschmälert. Sie ist unseres Erachtens zur Zeit das für Mehrprodukteunternehmen am besten geeignete Verfahren der Kostenträgerrechnung.

## 2.4 Kurzfristige Erfolgsrechnung

Kurzfristige Erfolgsrechnung (KER) hat sich als Sammelbegriff für die Gegenüberstellung von Erlösen und Kosten vom einzelnen Produkt bis hin zum Gesamtunternehmen eingebürgert. «Kurzfristig» ist an sich eine zu starke Einschränkung, denn richtig angewendet lassen sich die Resultate der KER sehr wohl auch für langfristige und insbesondere für strategische Entscheidungen nutzen. Wir bleiben aber hier beim Begriff KER, um nicht noch einen neuen einzuführen.

Wie für die Kostenträgerrechnung sind auch für die KER verschiedenste Verfahren entwickelt worden, die das gleiche Hauptziel verfolgen, nämlich aufzuzeigen, *womit, das heisst mit welchen Produkten/Dienstleistungen welcher Erfolg im Markt erzielt werden soll oder wurde.*

Hier konzentrieren wir uns auf die in der Praxis erfolgreichen Methoden.

### 2.4.1 Grundstruktur der KER

Um den Erfolg eines Produkts zu ermitteln, werden dem Umsatz, bzw. dem Nettoerlös die Kosten dieses Umsatzes gegenübergestellt:

| | *Stückbetrachtung* | | *Gesamtbetrachtung* |
|---|---|---|---|
| | Nettoerlös pro Stück | | Total Nettoerlöse |
| ./. | Kosten pro Stück | ./. | Kosten aller abgesetzten Einheiten |
| = | Stückerfolg | = | Betriebserfolg |

Zum Nettoerlös kommt man, indem vom fakturierten Umsatz alle Erlösschmälerungen sowie alle absatz- und umsatzabhängigen Kosten abgezogen werden (Boni, Skonti, Frachten etc., vgl. 2.1.5.6). Der Nettoerlös ist somit der Wert, der vom Umsatz übrigbleibt, um die Einzelkosten der Produkte und alle Kostenstellenkosten zu decken, sowie den Gewinn zu erzielen. Im einfachsten Fall kann man dem Nettoerlös die Selbstkosten der Produkte gegenüberstellen.

| Ringbuch AG | Stückbetrachtung | | Gesamtbetrachtung | | |
|---|---|---|---|---|---|
| | 4-Ringbuch | 2-Ringbuch | 4-Ringbuch | 2-Ringbuch | Total |
| Absatzmenge | | | 12'000 | 40'000 | |
| Nettoerlös<br>– pro Stück<br>– Volumen | 4.50 | 3.60 | 54'000 | 144'000 | 198'000 |
| Selbstkosten<br>– pro Stück<br>– Volumen | 5.18 | 3.40 | 62'000 | 136'000 | 198'160 |
| Produktergebnis<br>/Betriebserfolg | – 0.68 | + 0.20 | – 8'160 | + 8'000 | – 160 |

Abb. 49 *Vollkosten-KER nach dem Umsatzkostenverfahren*

Dieses Resultat verleitet zur Entscheidung, das Produkt 4-Ringbuch nicht mehr weiter herzustellen, da es pro Stück einen «Verlust» von –.68 erwirtschaftet. Diese Überlegung ist aber – freie Fertigungskapazitäten vorausgesetzt – falsch, wie sich leicht zeigen lässt.

Wird das 4-Ringbuch nicht mehr verkauft und produziert, fallen die kompletten Nettoerlöse dieses Produkts weg. Von den Kosten fällt jedoch nur ein Teil weg, nämlich diejenigen, die direkt ins Produkt eingehen, also die proportionalen Herstellkosten. Die fixen Kostenstellenkosten bleiben aber vorläufig in unveränderter Höhe bestehen, da alle Kostenstellen ihre Leistungsbereitschaft behalten müssen, um das 2-Ringbuch weiter produzieren und verkaufen zu können. Erst wenn die Kostenstellenleiter sich selbst wegrationalisieren, Hilfsstellen ganz aufheben und mit einfacheren Maschinen, die weniger Abschreibungskosten verursachen, arbeiten, das heisst wenn sie ihre Kosten beeinflussen, werden auch die fixen Kosten abgebaut.

In Zahlen ergibt sich bei Aufhebung der 4-Ringbücher folgendes Bild:

| | | |
|---|---|---|
| | wegfallender Nettoerlös | 54'000 |
| – | wegfallende proportionale Herstellkosten (12'000 x 1,957) | 23'484 |
| = | wegfallender Beitrag zur Deckung der fixen Kosten | 30'516 |
| | wegfallende Fixkosten (sofort) | keine |
| | Alter Betriebsverlust | – 160 |
| + | Wegfallender Deckungsbeitrag | – 30'516 |
| = | Neuer Betriebsverlust | – 30'676 |

Mit dieser Berechnung haben wir zugleich den zentralen Begriff einer modernen KER eingeführt, den Deckungsbeitrag.

### 2.4.2 Deckungsbeitragsrechnung

Unter Deckungsbeitrag wird oft vereinfachend die Differenz zwischen Erlös und einem Teil der Kosten verstanden. Exakter und für die Praxis geeignet ist die Definition, wie sie in der Grenzplan- und in der flexiblen Plankostenrechnung international verwendet wird:

| | |
|---|---|
| | Nettoerlös |
| ./. | proportionale Herstellkosten |
| = | Deckungsbeitrag I |

Der Deckungsbeitrag I (DB I) basiert auf schon bekannten Grössen und stellt dar, wie viel das einzelne Stück, Produkt oder Auftrag zur Deckung aller fixen Kosten und schliesslich auch zum Erfolg des Unternehmens beiträgt. Der DB I ist deshalb von derart erheblicher Bedeutung, weil er exakt und vor allem ohne Anwendung von Schlüsselgrössen bestimmt werden kann. Die Berechnung der proportionalen Herstellkosten hat gezeigt, dass sie aus dem Mengen- und Zeitgerüst hervorgehen und dass zu ihrer Ermittlung eine genaue Definition des Produkts notwendig ist. Da die fixen Kosten nicht verursachungsgerecht den Produkten zurechenbar sind, ist der DB I somit die stückbezogene eindeutige Massgrösse für den Erfolg eines Produktes.

Im Handelsbetrieb ist der DB I wie folgt zu ermitteln:

Nettoerlös des Produkts
./. Wareneinstandskosten des Produkts
= Deckungsbeitrag I

Dieses in den USA entwickelte Verfahren wird als Direct Costing bezeichnet. Der DB I weist die produktweisen Erfolgsbeiträge aus, währenddem die fixen Kosten als Block nur noch vom DB I-Volumen insgesamt abgezogen werden. Fixkostenschlüsselung wird also konsequent vermieden.

Die Deckungsbeitragsrechnung berücksichtigt somit in jedem Falle die gesamten Kosten eines Unternehmens. Es wird mit ihr aber konsequent vermieden, fixe Kosten auf Einheiten zu verrechnen, welche diese nicht direkt verursacht haben.

| Ringbuch AG | 4-Ringbücher | 2-Ringbücher | Handelsware | Total |
|---|---|---|---|---|
| Absatzmenge | 12'000 | 40'000 | – | |
| *Stückbetrachtung*<br>– Nettoerlös<br>– proportionale Kosten | <br>4,500<br>1,957 | <br>3,600<br>1,396 | nicht möglich, da nicht detailliert geplant | |
| = DB I / Stück | 2,543 | 2,204 | | |
| *Volumenbetrachtung*<br>– Nettoerlös<br>– proportionale Herstellkosten | <br>54'000<br>23'484 | <br>144'000<br>55'840 | <br>15'000<br>8'500 | <br>213'000<br>87'824 |
| = DB I / Volumen | 30'516 | 88'160 | 6'500 | 125'176 |
| Fixkosten der Kostenstellen inkl. kalkulatorische Abschreibungen | | | | 107'175 |
| Betriebserfolg (vor Steuern und Zinsen) | | | | 18'001 |

Abb. 50 *Plan-Deckungsbeitragsrechnung für einen Monat (Direct Costing)*

Den Vollkostenrechnern, welche den Nettoerlösen die Selbstkosten oder mindestens die vollen Herstellkosten gegenüberstellen wollen, behagt dieses Rechnungsverfahren nicht, weil man den Produkterfolg des einzelnen Produkts oder gar der einzelnen Einheit nicht nach Verteilung aller Kosten des Unternehmens erkennen kann. Gerade darin liegt aber die Stärke der DB-Rechnung. Denn dadurch, dass die Fixkosten nicht verteilt werden, wird der DB I zur tauglichen Grösse, wenn ein Produkt zu beurteilen ist.

So erkennt man unschwer, dass das 4-Ringbuch der bessere Verdiener ist, weil es Fr. 2.543 pro verkauftes Stück zur Fixkostendeckung beiträgt. Ist also die Absatzmenge der bestimmende Engpass, sollte versucht werden, vor allem 4-Ringbücher zu verkaufen. Besteht der Engpass hingegen in der Erzielung von Umsatz oder Nettoerlös, zum Beispiel bei Gegengeschäften, ist das 2-Ringbuch das interessantere Produkt, weil vom Umsatz mehr Deckungsbeitrag I übrigbleibt.

| | 4-Ringbuch | 2-Ringbuch | Handelsware |
|---|---|---|---|
| Nettoerlös | 54'000 | 144'000 | 15'000 |
| DB I | 30'516 | 88'160 | 6'500 |
| DB I in Prozent vom Nettoerlös | 56,5 % | 61,2 % | 43,3 % |

Es könnte sich aber auch die Frage stellen, welches Produkt im Verkauf zu fördern ist, wenn Fertigungskapazität oder Rohstoffe zum Engpass werden. Fällt zum Beispiel in der Stanzerei eine der beiden Stanzmaschinen für längere Zeit aus, gilt es wiederum das 2-Ringbuch im Absatz zu fördern, da es pro Minute Inanspruchnahme des Engpasses den höheren DB I erbringt (die Handelsware wäre noch höher, da sie ja die Fertigungskapazitäten gar nicht belastet).

Je nach Situation muss für die Entscheidungsfindung zwischen absolutem und relativem Deckungsbeitrag unterschieden werden.

| | 4-Ringbuch | 2-Ringbuch |
|---|---|---|
| Vorgabezeit in der Stanzerei (Arbeitsminuten) vgl. 2.3.2.3 | 0,75 Min. | 0,25 Min. |
| DB I pro Stück (absolut) | 2,543 | 2,204 |
| DB I pro Engpassminute (relativ) | 3,39 | 8,80 |

Schon diese Beispiele zeigen, wie effektiv mit der Kenntnis des DB I der Erfolg des Unternehmens im Plan und im Ist gesteuert werden kann. Es lohnt sich übrigens auch, die Aussendienstmitarbeiter nicht nach dem von ihnen erzielten Umsatz zu provisionieren, sondern nach dem DB-Volumen, das sie für das Unternehmen generieren. Man spricht dann von einer Nutzenprovision, weil sie vom Nutzen ausgeht, den der erzielte DB dem Unternehmen stiftet. Denn ein Gewinn kann erst entstehen, wenn alle Kosten gedeckt sind.

### 2.4.3 Mehrstufige Deckungsbeitragsrechnung

Dass im Direct Costing die Fixkosten nur noch als ein grober Block betrachtet werden, vermochte nicht zu befriedigen. So ist nach Lösungen gesucht worden, die es erlauben, Fixkosten verschiedenen Bezugsobjekten zuzurechnen, ohne aber von neuem in die Schlüsselung der Fixkosten zu verfallen. Als Lösung entstand die mehrstufige DB-Rechnung. Sie geht von der Grundidee aus, dass die Kostenstellenpläne und die Sondereinzelkosten Fixkostenteile enthalten, die einem Auftrag, Produkt oder einer Produktgruppe eindeutig als Einzelkosten zugerechnet werden können (vgl. Einzelkosten-Definition in 2.1.5.5). Durch die stufenweise Zuordnung fixer Kosten versucht man, die Organisations- und Verantwortlichkeitsstruktur des Unternehmens in verschiedenen DB-Stufen abzubilden. Hierbei ist es üblich, diese DB-Stufen mit römischen Ziffern durchzunummerieren, wobei aber der Inhalt der einzelnen Stufen nicht allgemeingültig definiert ist, sondern vielmehr unternehmensspezifisch festgelegt wird. Zwecks Verbesserung der Aussagefähigkeit der DB-Stufen sehen wir aber von der Durchnummerierung ab und suchen eher nach sprechenden Namen, wie zum Beispiel Produkt-DB.

Die ältesten Ansätze stammen von Mellerowicz und Agthe. Etwas jüngeren Datums ist die mehrstufige DB-Rechnung von Deyhle, die er als Verkaufserfolgsrechnung (VER) (Deyhle, *CP I*, 158) bezeichnet hat. Sie wird hier näher dargestellt, weil sie in der Praxis erfolgreich eingesetzt wird und bei geeigneter Anwendung am besten unserer Vorstellung einer ziel- und führungsorientierten kurzfristigen Erfolgsrechnung entspricht.

Die Plan-VER ist ein Teil des gesamten Management-Erfolgsrechnungssystems (MER), das im Kapitel über den Soll-Ist-Vergleich vorgestellt wird.

Bis zur Deckungsbeitrags-Stufe I entspricht der Aufbau dem vorangehenden Beispiel. Wichtig ist nun aber, dass beim weiteren Ausbau immer mit den marktnächsten Grössen begonnen wird, die im Unternehmen noch mitbeeinflusst werden können. In diesem Beispiel sind dies neben den Absatzmengen auch die empfohlenen Endverbraucherpreise (Aufbau als Bruttorechnung).

Nach dem DB I werden die Fixkosten in Anrechnung gebracht, die man einer Produktgruppe als Ganzes eindeutig zuordnen kann. Daraus resultiert der Produktgruppen-DB, der aufzeigt, wieviel eine Produktgruppe insgesamt, nach Abzug aller ihr ohne Schlüsselung zurechenbaren Kosten, zum Gesamterfolg beiträgt. Diesem Produktgruppen-DB kommt eine grosse Bedeutung zu; er dient als Zielgrösse für den jeweils verantwortlichen Product Manager.

| | 4-Ringbücher | 2-Ringbücher | Handelsware | Total |
|---|---|---|---|---|
| Planverkaufsmengen | 12'000 | 40'000 | Klarsicht-mäppchen, Register | |
| Planverkaufspreis | 5 | 4 | | |
| Bruttoumsatz | 60'000 | 160'000 | 25'000 | 245'000 |
| Erlösschmälerungen (10 % für 4- und 2-Ring, 40 % für HW) | 6'000 | 16'000 | 10'000 | 32'000 |
| Netto-Erlöse | 54'000 | 144'000 | 15'000 | 213'000 |
| Prop. Herstellkosten (Plan)<br>– pro Einheit<br>– Volumen | <br>1,957<br>23'484 | <br>1,396<br>55'840 | <br>(Einstand)<br>8'500 | <br><br>87'824 |
| Deckungsbeitrag I | 30'516 | 88'160 | 6'500 | 125'176 |
| Kostenträgerfixkosten Product Management | – | – | 6'500 | 6'500 |
| Produkt Gruppen-DB | 30'516 | 88'160 | 0 | 118'676 |
| Fixkosten des Verkaufs | | | | 11'240 |
| Verkaufs-DB | | | | 107'436 |
| Fixkosten der Produktion und Verwaltung | | | | 66'102 |
| Betrieblicher CF vor Steuern und Zinsen (CFBIT) | | | | 41'334 |
| Kalkulatorische Abschreibungen<br>Gewinnbedarfsbudget | | | | 23'333<br>18'000 |
| Verkaufserfolg | | | | 1 |

Abb. 51 *Plan-Verkaufserfolgsrechnung (VER) pro Monat*

Als Fixkosten, für die ein Product Manager die Verantwortung übernehmen kann, kommen sicher alle Produktförderungskosten der jeweiligen Produktgruppe in Frage, die nur gerade für diese Produktgruppe aufgewendet werden. Dies können zum Beispiel Produktprospektkosten, Werbeagenturkosten, Verkaufsständer, Aktionskosten und bei einer grossen Produktgruppe auch die Kosten des Product Managers selbst sein. Voraussetzung ist, dass die jeweiligen Kostenelemente immer ohne Schlüsselung dieser Produktgruppe zugeordnet werden können. Müsste man hingegen zu Verteilungsschlüsseln greifen, gehörten sie auf die nächsthöhere DB-Stufe. Soweit als Einzelkosten adressierbar, gehören in diese Produktgruppen-DB-Stufe auch die Sondereinzelkosten, die für die Aufträge entstehen.

Unter der Annahme, dass für die 4- und für die 2-Ringbücher gemeinsam geworben wird, könnte der Product Manager zum Beispiel folgende Überlegungen anstellen: «Um wie viele Prozente muss die Absatzmenge steigen, wenn der Product Mix zwischen den beiden Erlösträgern und alle anderen Grössen gleichbleiben, aber pro Monat für 6'000 produktspezifische Werbung betrieben werden soll?»

| | 4-Ringbuch | 2-Ringbuch | Total |
|---|---|---|---|
| Planverkaufsmengen | 12'000 | 40'000 | 52'000 |
| Anteil (Product Mix) | 23,1 % | 76,9 % | 100 % |
| DB I / Stück | 2,543 | 2,204 | |
| Gewichteter DB I pro Durchschnittseinheit | | | 2,282 |
| Produktwerbekosten | | | 6'000 |
| Anzahl zusätzlich zu verkaufende Durchschnittseinheiten | | | 2'629 |
| Minimale zusätzliche Absatzmenge zur Deckung der Produktwerbekosten in Prozent der Planverkaufsmengen | | | 5,06 % |

Abb. 52 *Product Manager-Entscheidung*

Die Festlegung eines Produktgruppen-DB-Volumens als Zielgrösse für den Product Manager hat den weiteren Vorteil, dass auf diese Weise dem Prinzip «Management by Delegation» Rechnung getragen wird. Ist nämlich der Ziel-DB bestimmt, müssen sich die Vorgesetzten nicht mehr in die Einzelheiten der Steuerung der Produktgruppe einmischen, sondern sie können den Product Manager sein spezifisches Rentabilitätsziel in eigener Verantwortung erreichen lassen.

Sinngemässes gilt für die dritte DB-Stufe, den Verkaufs-DB. Nach Abzug aller Kosten, die als proportionale oder als fixe Einzelkosten dem Verkauf insgesamt zugerechnet werden, kann man das DB-Volumen als Zielgrösse für den obersten Verkaufsleiter erklären.

Ist die gesamte Planung zielführend, reicht das Verkaufs-DB-Volumen im vorliegenden Beispiel aus, die Fixkosten sämtlicher Produktions-, Verwaltungs- und übrigen Kostenstellen sowie die geplanten kalkulatorischen Abschreibungen und das Gewinnbedarfsbudget zu decken. In der Zeile «Fixkosten der Produktion und Verwaltung» sind die geplanten primären Kosten aller noch nicht berücksichtigten Kostenstellen aufaddiert, die kalkulatorischen Abschreibungen bilden das Total aller in den Kostenstellen geplanten Abschreibungen und die Summe aller kalkulatorischen ROI-Ziele der Kostenstellen stimmt wiederum mit dem Gewinnbedarfsbudget überein. Ergibt sich schlussendlich ein Verkaufserfolg von Null oder besser, bedeutet dies, dass die Realisierung dieses Plans auch zur Erreichung der Gewinnziele führen wird. Die in dieser VER aufscheinenden Zahlen sind damit die «Spitze des Eisbergs» der gesamten rentabilitätsorientierten Planung des Unternehmens.

Im Kapitel über den Soll-Ist-Vergleich wird sich zeigen, wie die verschiedenen Absatz-, Preis-, und Fertigungsverantwortlichen steuern müssen, damit das hier formulierte Ziel im Ist auch wirklich erreicht wird.

### 2.4.4 Mehrdimensionale Deckungsbeitragsrechnung

Mehrfach ist bereits darauf hingewiesen worden, dass das Rechnungswesen, um als Führungsmittel zu taugen, den effektiven Strukturen und Abläufen im Unternehmen entsprechen muss. Wird das Unternehmen als Folge von Veränderungen im Markt umorganisiert, zum Beispiel von einer reinen Produkteorganisation in eine Filialorganisation oder werden aus der strategischen Planung heraus Geschäftsfelder gebildet, die auch finanzwirtschaftlich selbstverantwortlich zu führen sind, sollten auch die Gliederungsstrukturen im Rechnungswesen entsprechend angepasst werden. Schon in 2.1.4 haben wir gesehen, dass in diesen Fällen neben die auf die Leistungserstellung abgestimmte Produktgliederung eine oder mehrere Gliederungen der Erlösträger treten, die den Marktbearbeitungsstrukturen angepasst sind.

Damit die Planung und später der Soll-Ist-Vergleich auch in mehreren Dimensionen zielgerecht und verantwortungsgerecht aufgebaut werden können, soll in der Folge die oben dargestellte VER mehrdimensional ausgebaut werden. Dabei ist wiederum unternehmensindividuell vorzugehen, denn es sind unzählige Varianten denkbar. Einige Beispiele:

A Verkauf aller Produkte an verschiedene Kundengruppen, wobei jede Kundengruppe ihr eigenes Rabattsystem und jeweils einen eindeutig zugeordneten Verkäufer hat.

Dimension 1: Produkte, Produktgruppen
Dimension 2: Kundengruppen und Verkäufer

Neben die Produkt-VER tritt hier die Kunden-DB-Rechnung, wobei es sein kann, dass ein Grosskunde einer eigenständigen Kundengruppe entspricht. Für die Planung ist es in dieser Konstellation ebenso wichtig zu wissen, wieviel die einzelnen Kunden bzw. Kundengruppen zum Erfolg des Unternehmens beitragen als auch die Erfolgsbeiträge der einzelnen Produkte bzw. Produktgruppen zu kennen.

B Verkauf aller Produkte in mehreren Regionen im Inland und in mehreren Ländern an Generalvertreter, wobei jede Inland-Region ihren eigenen Verkäufer hat.

Dimension 1: Produkte, Produktgruppen
Dimension 2: Regionen/Verkäufer, Inland, Länder, Export

Je nach Geschäftsvolumen erhalten die Generalvertreter unterschiedliche Vertragskonditionen, was sich im Unternehmen unter anderem in verschiedenen Nettoerlösen pro Einheit auswirkt und ebenfalls in der Planung zu berücksichtigen ist. Sind die Kundenbedürfnisse bezüglich Bedienung und Ausstattung der Produkte in den Ländern und in den Regionen etwas unterschiedlich, wird dieses Unternehmen wahrscheinlich auch seine strategischen Geschäftsfelder nach Ländern und Regionen gliedern. Die Dimension 2 wird damit auch zum Umsetzungsinstrument von der strategischen Planung in die operative Jahresplanung.

C Die Produkte oder Dienstleistungen werden über verschiedene Absatzkanäle verkauft, die es auch einzeln zu planen gilt. Die Handelsware wird nur an Einzelhändler und im Direktverkauf im Inland verkauft. Die Aussendienstmitarbeiter sind hier nach Absatzkanälen zugeordnet. Damit die Konsistenz der Planung überwacht werden kann, ist also auch hier in zwei Dimensionen vorzugehen.

Im Beispiel entsprechen die vier Pläne formal der Struktur der VER; inhaltlich sind sie jeweils von den Absatzkanalverantwortlichen zusammen mit dem Controller zu erstellen. Diese können ihre Arbeit aber nicht allein abschliessen, denn in der Produktdimension sollte auch eine Übereinstimmung mit den jeweils verantwortlichen Product Managern erfolgen; erst dann erhält der Summenplan für das gesamte Unternehmen Gültigkeit. In diesen Plänen spiegelt sich somit die heute der Realität entsprechende gemeinsame Verantwortlichkeit für das DB-I-Volumen wieder. Ein Product Manager ist für den Produktgruppen-DB der Handelsware nach Abzug aller proportionalen und aller fixen Einzelkosten der Handelsware verantwortlich. Dies kann er aber nur erreichen, wenn er mit den Absatzkanalverantwortlichen zusammenarbeitet. Diese wiederum sind für den DB ihres Kanals verantwortlich, der sich ergibt, wenn vom Total-DB I des Kanals die fixen Einzelkosten dieses Kanals abgezogen werden (vor allem Reisespesen, Kundenspesen und fixe Personalkosten des Absatzkanalpersonals).

In der mehrdimensionalen DB-Rechnung erweist sich eine tiefe Kostenstellengliederung als sehr wertvoll (vgl. 2.1.2). Im Zweifelsfall sollte für jede Produktgruppe und für jeden Aussendienstmitarbeiter eine eigene Kostenstelle eingerichtet werden.

Die Summe aller Deckungsbeiträge der Absatzkanäle kann nicht mit dem Produktgruppen-DB-Volumen der Produktdimension übereinstimmen. Denn in der Produktdimension werden vor dem Produktgruppen-DB die Produktfixkosten abgezogen, währenddem die Fixkosten der Absatzkanäle nicht den einzelnen Produktgruppen zugerechnet werden können. In der Produktdimension sind deshalb die Fixkosten der Absatzkanäle in den Verkaufsfixkosten vor dem Verkaufs-DB enthalten. Die Übereinstimmung zwischen den beiden Dimensionen ergibt sich erst dort wieder, wo alle dem Verkauf insgesamt zuordenbaren Fixkosten eingerechnet sind. Aus diesem Grunde empfehlen wir, ausser für den (international gleich definierten) DB I, den DB-Stufen keine Nummern, sondern sprechende Namen zu geben.

Absatzkanal: **Detaillisten**

| Pod.-Gruppe | 4-Ringbücher | 2-Ringbücher | Handelsware | Total |
|---|---|---|---|---|
| Absatz<br>Planpreise<br>Rabatte<br>etc. | 2'000<br>5.–<br>– 20 % | 10'000<br>4.–<br>– 20 % | 50 % | |
| Nettoerlös<br>prop. HK | 8'000<br>3'914 | 32'000<br>13'980 | 7'500<br>5'666 | 47'500<br>23'540 |
| DB I | 4'086 | 18'040 | 1'834 | 23'960 |
| Fixkosten des Absatzkanals Detaillisten | | | | 1'500 |
| DB des Absatzkanals | | | | 22'460 |

Absatzkanal: **Wiederverkäufer**

| | | | | |
|---|---|---|---|---|
| Nettoerlös<br>prop. HK | 17'000<br>7'828 | 36'267<br>14'891 | –<br>– | 53'267<br>22'719 |
| DB I | 9'172 | 21'376 | – | 30'548 |
| Fixkosten des Absatzkanals Wiederverkäufer | | | | 1'200 |
| DB des Absatzkanals | | | | 29'348 |

Absatzkanal: **Direktverkauf**

| | | | | |
|---|---|---|---|---|
| Nettoerlös<br>prop. HK | 20'000<br>7'828 | 61'333<br>21'405 | 7'500<br>2'834 | 88'833<br>32'067 |
| DB I | 12'172 | 39'928 | 4'666 | 56'766 |
| Fixkosten des Absatzkanals Direktverkauf | | | | 1'900 |
| DB des Absatzkanals | | | | 54'866 |

Absatzkanal: **Export**

| | | | | |
|---|---|---|---|---|
| Nettoerlös<br>prop. HK | 9'000<br>3'914 | 14'400<br>5'584 | –<br>– | 23'400<br>9'498 |
| DB I | 5'086 | 8'816 | – | 13'902 |
| Fixkosten des Absatzkanals Export | | | | 800 |
| DB des Absatzkanals | | | | 13'102 |

**Total-betrachtung**

| | | | | |
|---|---|---|---|---|
| Absatz<br>Planpreise<br>Rabatte<br>etc. | 12'000<br>5.–<br>10 % | 40'000<br>4.–<br>10 % | 40 % | |
| Nettoerlös<br>prop. HK | 54'000<br>23'484 | 144'000<br>55'840 | 15'000<br>8'500 | 213'000<br>87'824 |
| DB I | 30'516 | 88'160 | 6'500 | 125'176 |
| Fixkosten aller Absatzkanäle | | | | 5'400 |
| DB des Absatzkanals | | | | 119'776 |

Abb. 53 *Zweidimensionale DB-Rechnung*

| Dimension Absatzkanäle | |
|---|---|
| DB aller Absatzkanäle | 119'776 |
| Kostenträgerfixkosten (Product Management) | 6'500 |
| Fixkosten des Verkaufs | 5'840 |
| Verkaufs-DB | 107'436 |

Die Summen der beiden Dimensionen (Absatzmengen, Nettoerlöse, DB I) hingegen müssen übereinstimmen. Dieser Vergleich dient auch als Test, ob die Planung rechnerisch richtig ist.

In praktischen Fällen kann sich, je nach der Art der strategischen Führung und der Marktbearbeitung auch eine drei- oder vierdimensionale Erfolgsrechnung aufdrängen. Wird die gesamte Planungsrechnung von Anfang an zielorientiert aufgebaut, das heisst so, dass die in ihr enthaltenen Mengen und Werte auch zu erreichende Ziele bilden, können, wie dieses Beispiel zeigte, sämtliche auf die Rentabilität des Unternehmens ausgerichteten Teilziele in den Einzelplänen untergebracht und nachher im Ist verfolgt werden. Der Ausbau der KER zur mehrdimensionalen Verkaufserfolgsrechnung hilft dabei auch, den Anforderungen gerecht zu werden, die sich aus der strategischen Planung und der Vielfältigkeit der Marktbearbeitung ergeben.

### 2.4.5 Kosten- und Erlösplanung im Gesamtüberblick

Die umfangreichen Verknüpfungen im Rahmen der Planung werden in Abb. 54 insoweit dargestellt, als sie direkt die Erstellung der Kosten- und Erlöspläne mitbestimmen. Das Bild soll einen Gesamtüberblick gewähren; deshalb sind nicht alle in den vorangehenden Abschnitten behandelten Einzelteile der Planungsrechnung aufgeführt.

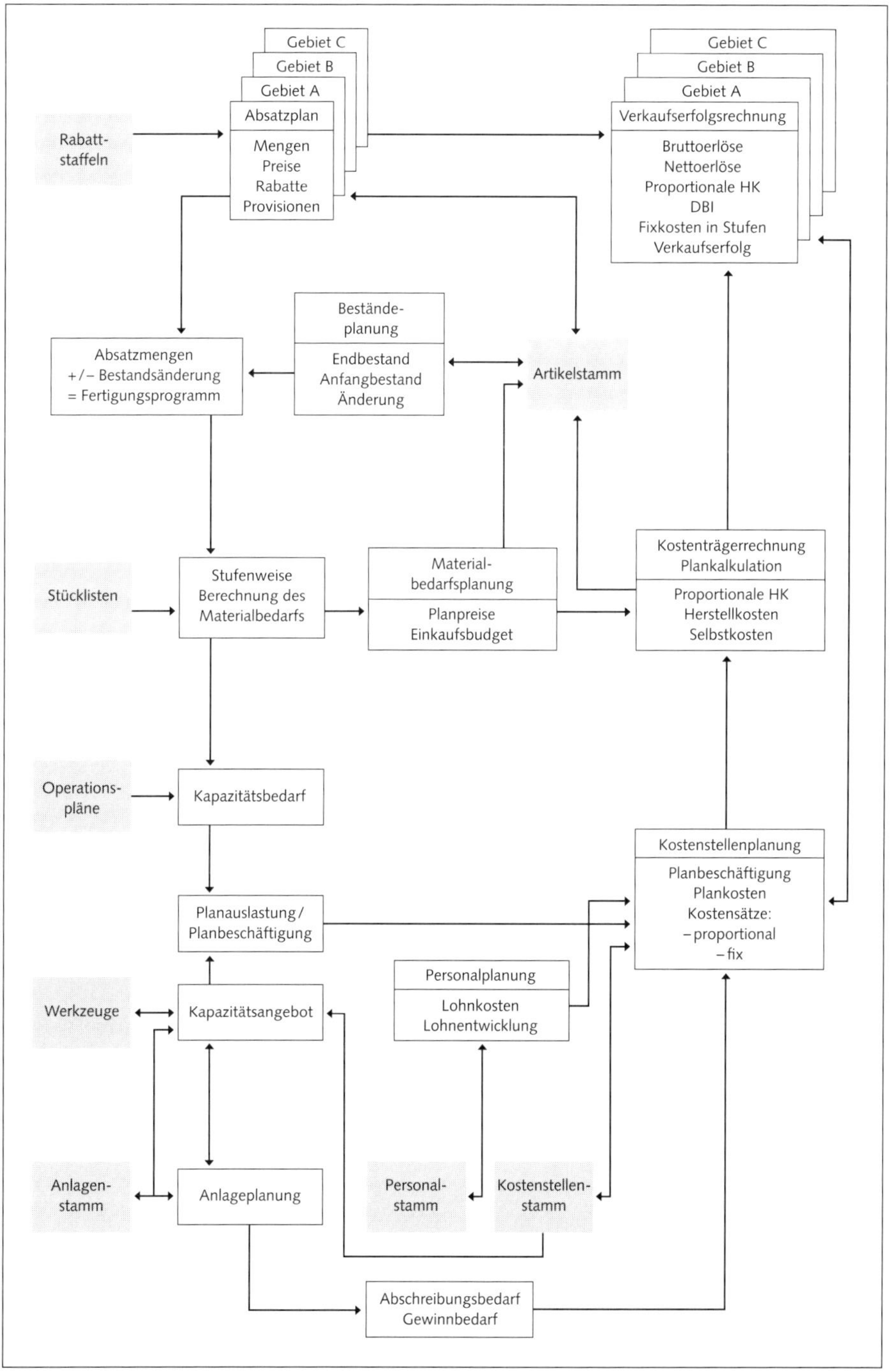


Abb. 54 *Kosten- und Erlösplanung im Gesamtzusammenhang*

# 3 Isterfassung

In der praktischen Anwendung der Kosten- und Erlösrechnung zeigt sich immer wieder, dass eine detaillierte Strukturierung in der Planungsrechnung und eine in die Tiefe gehende Planung die beste Vorbereitung für die klare und richtige Erfassung der Istdaten bilden. Das ist einer der Gründe, warum wir die Planungsrechnung zuerst vorgestellt hatten.

Die Erfassung der Istkosten, Isterlöse und Istleistungen ist fortlaufend durchzuführen und erfolgt zur Hauptsache durch das Buchhaltungspersonal, zum Teil aber auch direkt durch das Personal, das die Leistungen erbringt. Die Erfassungsarbeit ist nicht schwierig, muss aber, vor allem was die Kontierung anbelangt, vollständig, regelmässig und richtig gemacht werden, da sonst die Aussagekraft der Kosten- und Erlösrechnung stark gemindert wird. Für die Suche nach Gegensteuerungsmassnahmen bei Abweichungen ist es insbesondere wichtig, dass in Kostenstellen und Aufträgen ein lückenloser Istkostennachweis möglich ist. Dies bedeutet, dass pro Kostenart die Belastungen einer Stelle oder eines Auftrags belegweise nachgewiesen werden können.

Um die Sicherheit bei der Erfassung zu erhöhen, sind – wie in der Finanzbuchhaltung (vgl. Teil I, 1.1.2) – Kontierungsregeln zu erarbeiten und anzuwenden. Grundlage für diese Kontierungsregeln sind das Kostenarten-, das Kostenstellen-, das Auftrags- und das Kostenträgerverzeichnis, die alle im Rahmen der Planung erstellt bzw. aktualisiert werden. Zu den Verzeichnissen gehören einerseits erläuternde Kommentare für die Behandlung unklarer Fälle und andererseits Anweisungen zum Ablauf der Isterfassung.

## 3.1 Erfassung der primären Istkosten und der Erlöse

Als primäre Kosten haben wir Kosten bezeichnet, die durch Lieferungen von aussen an das Unternehmen entstehen, also Lohn- und Gehaltskosten, Fremdleistungen, Materialkosten und ähnliches. Ihre Erfassung erfolgt meistens gleichzeitig mit der Erfassung in der Buchhaltung, weil damit die Daten nur einmal eingegeben werden müssen. Bei dieser Arbeit kommen wieder die in Teil I, 1.2 beschriebenen vorgelagerten Buchungssysteme zum Zuge. Dort haben wir folgende Grundstruktur für die Verbuchung der einzelnen Bewegungen kennengelernt:

| Beleg-nummer | Beleg-datum | Soll-konto | Haben-konto | Text | Betrag |
|---|---|---|---|---|---|
| | | | | | |

Für die Erfassung in der Kostenrechnung können die Felder Belegnummer, Belegdatum, Text und Betrag ebenfalls verwendet werden. Dazu kommen aber noch:

- Kostenartennummer,
- Kostenstellennummer oder
- Auftrags-/Kostenträgernummer

Wird die einzelne Bewegung um diese Angaben ergänzt, kann somit schon die Belastung der Istkosten in die Kostenstellen und Aufträge vorbereitet und nachher maschinell ohne weiteres Dazutun durchgeführt werden.

Es ist bei der Erfassung darauf zu achten, dass jeweils entweder eine Kostenstelle oder ein Auftrag/Kostenträger anzugeben ist, da die gleiche Bewegung nicht zwei Objekten gleichzeitig zugeordnet werden kann.

Soll eine Bewegung nicht in der Kostenrechnung erscheinen, werden die drei erwähnten Felder leergelassen. In EDV-Anwendungen erfolgt die Steuerung über das Programm so, dass diese Felder gar nicht am Bildschirm erscheinen. Bewegungen, die nicht in der Kostenrechnung zu erfassen sind, fallen an, wenn

- eine Bewegung nur Bilanzkonten (Vermögen und Schulden) betrifft,
- neutraler Aufwand und Ertrag und übrige betriebsfremde Bewegungen verbucht werden (Abgrenzung, vgl. Teil II, 2.1.5.2),
- Aufwand verbucht wird, der nicht den Kosten in den Kostenstellen entspricht (kalkulatorische Kosten als Gegenstück).

In einer computergestützten Kostenrechnung kann auch die Vergabe der Kostenartennummer automatisiert werden. Die verschiedenen Aufwandarten werden in der Finanzbuchhaltung ja sehr detailliert gegliedert, währenddem die Kostenartengliederung nur so weit gehen muss, dass die Belastungen klar verständlich sind und zugeordnet werden können (vgl. Teil II, 2.1.1). Mindestens eine Aufwandart entspricht damit immer einer Kostenart, weshalb man einen Kostenartentrichter in der Finanzkontendatei hinterlegen kann:

| Kontonummer Aufwand | Bezeichnung | Zugeordnete Kostenartennummer |
|---|---|---|
| 4010 | Löhne | 10 |
| 4020 | Gehälter | 10 |
| 4030 | Überzeitzuschläge | 11 |
| 4110 | AHV-Arbeitgeberbeitrag | 20 |
| 4111 | ALV-Arbeitgeberbeitrag | 20 |
| 4112 | Familienausgleichskasse | 20 |
| 4113 | Unfallversicherung Arbeitgeber | 20 |
| 4114 | Krankenversicherung Arbeitgeber | 20 |
| | | |
| | | |

Kostenart 10 = Löhne und Gehälter
Kostenart 11 = Überzeit
Kostenart 20 = Sozialleistungen

Abb. 55 *Kostenartentrichter*

Mit den erwähnten Vereinfachungen beschränkt sich die reine Kontierungsarbeit bei der Istkostenerfassung in den meisten Fällen auf die Angabe der Kostenstellen- oder Auftragsnummer.

### 3.1.1 Kostenerfassung über die Kreditorenbuchhaltung

Via Kreditorenbuchhaltung werden bekanntlich die Rechnungen der Lieferanten erfasst. Kostenrechnerisch betrachtet, stellen diese den Löwenanteil der Fremdleistungen dar, zum Beispiel

- Fremdlieferungen auf Aufträge,
- Unterhalts- und Reparaturrechnungen Dritter,
- Spesen aller Art, die über Kreditorenkonten abgerechnet werden,
- Werkzeuge und Hilfsmittel, von Dritten bezogen,
- Betriebsstoff- und Hilfsmateriallieferungen, die nicht im Lager erfasst, sondern direkt einer Kostenstelle oder einem Auftrag belastet werden.

Werden solche Rechnungen in der Kreditorenbuchhaltung verbucht, ergibt sich der normale Buchungssatz *Aufwandkonto – Kreditorenkonto*.

Normalerweise ist Aufwand, der in der Kreditorenbuchhaltung erfasst wird, gleich Kosten, womit auch gleich die Kostenstellennummer oder der Auftrag mitgegeben werden können. Dies führt zum Kontierungsstempel, wie er in vielen Unternehmen üblich ist:

| | |
|---|---|
| Lieferantennummer | |
| Aufwandkonto | |
| Kostenstelle oder Auftragsnummer | |
| Text | |
| Betrag | |
| Datum | |
| Unterschrift | |
| Zusatzangaben (zum Beispiel Menge, Preis/Einheit) | |

Abb. 56 *Kontierungsstempel*

In computergestützten Einkaufssystemen sind Bedarfsmeldungen mit Angabe der Kostenstelle/Auftrag direkt an die Einkaufsabteilung abzugeben. Damit kann die Kontierung sofort bei Rechnungseingang vervollständigt werden.

Dieser Stempel wird auf jeder eingehenden Rechnung angebracht, damit die Kostenstellenleiter darauf ihre Kontierung vornehmen und die Richtigkeit der Rechnung überprüfen können, bevor sie zur Bezahlung und Ablage zurück in die Kreditorenbuchhaltung geht. Rechnungen für Materiallieferungen indessen werden nicht über die Kreditorenbuchhaltung in der Kostenrechnung belastet, sondern über die Materialbuchhaltung, und zwar als Materialbezug (vgl. Teil I, 1.2.4).

### 3.1.2 Kostenerfassung über die Materialbuchhaltung

In der Materialbuchhaltung werden sämtliche bestandsmässig geführten Materialien geführt. Das sind Roh-, Hilfs- und Betriebsstoffe, Halb- und Fertigfabrikate. Werden diese Materialien auf einen Auftrag oder auf eine Kostenstelle bezogen, hat dies mit einem Materialbezugsschein zu geschehen. Der Materialbezugsschein ist einerseits für den Lageristen der Beleg, dass er die Ware ausgegeben hat, andererseits die Grundlage für die Kostenbelastung.

| Materialbezugsschein | Nr. |
|---|---|
| Artikelnummer | |
| Kostenstelle/Auftrag | |
| Bezogene Menge | |
| Datum | |
| Unterschrift | |
| ev. Zusatzangaben | |

Abb. 57 *Materialbezugsschein*

Daraus ist erkennbar, dass die Anforderungen, die sich aus der Kostenrechnung ergeben, mit wenig Zusatzaufwand abgedeckt werden können, da die meisten Daten schon allein zur Führung der Materialbestände benötigt werden. Durch die Angabe der Artikelnummer kann in der Artikeldatei die Bezeichnung des Materials oder des Halbfabrikats geholt werden (vgl. das Beispiel in Teil II, 2.3.2.3). Gleichenorts ist auch der Standardpreis des entsprechenden Gutes zu finden. Hier zeigt sich auch einer der Vorteile des Arbeitens mit einem Standardpreissystem in der Kostenrechnung. Werden nämlich für die meist gebrauchten Güter Standardpreise festgelegt, kann die ganze Kostenbelastung automatisiert werden, indem nur die Bezugsmengen zu erfassen und zu führen sind, währenddem die wertmässige Belastung automatisch durch Rückgriff auf die Artikeldatei berechnet wird. Ohne Standardpreis ist zusätzlich noch die Entscheidung nötig, welcher Preis im Einzelfall für das Material anzusetzen ist. Zudem führt die Anwendung von Standardpreisen dazu, dass Preisschwankungen am Markt nicht in die Kostenstellen und Kostenträger durchschlagen, sondern als Preisabweichungen ausgewiesen werden (vgl. Teil II, 4.2).

### 3.1.3 Kostenerfassung über die Lohnbuchhaltung

Sollen in den Kostenstellen auch 13. Monatslöhne oder Gratifikationen periodengerecht belastet werden, handelt es sich dabei eigentlich um eine zeitliche Abgrenzung, die in der Finanzbuchhaltung vorzunehmen ist. Viele Unternehmen führen aber eine spezielle Schnittstelle zwischen Lohnbuchhaltung und Kostenrechnung, um die Lohnbeträge nicht ganz offen zu zeigen und Spezialfälle abzudecken.

Für die Belastung der Kostenstellen mit den Lohn- und Gehaltskosten werden die in der vorgelagerten Lohnbuchhaltung erfassten Bruttolöhne sowie die Sozialleistungen benötigt. Zu diesem Zweck sollte für jeden fest angestellten Mitarbeiter eine Stammkostenstelle in seine Stammdaten aufgenommen werden, damit davon ausgehend die Kostenbelastung der Stelle automatisiert werden kann. Bei Personal im Stundenlohn, das in verschiedenen Kostenstellen arbeitet, sind aus der Lohnabrechnung verschiedene Belege zu generieren, die dann zu Belastungen aller jeweils betroffenen Stellen führen.

Eher selten kommt es heute vor, dass Einzellöhne direkt einem Auftrag belastet werden können. Dafür gibt es zwei Hauptgründe:

- Die meisten Mitarbeiter verrichten ihre Arbeit mit Maschinenunterstützung und sind damit, zusammen mit den Anlagen, einer Kostenstelle zugeordnet.
- Mitarbeiter, die ohne Maschinenunterstützung und im Stunden- oder Tageslohn arbeiten, sind selten zu finden (zum Beispiel Bauindustrie). Der Monatslohn eines Mitarbeiters, der im Berichtszeitraum an mehreren Aufträgen arbeitet, kann per Definition nicht als Einzellohn eines Auftrages erfasst werden.

Da ein verantwortlicher Kostenstellenleiter zwar nicht die Sätze, wohl aber in Abhängigkeit von der Lohnsumme die Höhe der Sozialleistungen beeinflussen kann, sind viele Unternehmen – um den Rechenaufwand zu verringern – dazu übergegangen, auch die Sozialleistungen als kalkulatorische Kostenart zu verrechnen. Dabei wird auf einer fiktiven Kostenstelle der Sozialleistungsaufwand geplant und dann im Ist abhängig von der Lohnsumme oder von der Kopfzahl als kalkulatorische Sozialleistungskosten den empfangenden Kostenstellen belastet. Die Istkostenbelastung in der fiktiven Sozialleistungsstelle ergibt sich dann aus den effektiven Abrechnungen mit den Vorsorgewerken. Die Gegenüberstellung von geplanten und effektiven Sozialleistungskosten in dieser Stelle zeigt so dem Personalverantwortlichen, ob der in der Kostenrechnung angewendete Satz immer noch richtig ist.

### 3.1.4 Kostenbelastung über das Hauptbuch

Der grösste Teil der Aufwand- und Kostenbuchungen entsteht heute in den vorgelagerten Buchungssystemen. Direkt im Hauptbuch werden nurmehr sehr wenige Einzelbuchungen erfasst, die auch in der Kostenrechnung zu berücksichtigen sind. Von einem grösseren mengenmässigen Umfang ist eigentlich nur auszugehen, wenn viele Zahlungen bar aus der Kasse gemacht werden. Banken und teilweise Filialgeschäfte haben ein eigenes Kassasystem, Industrie- und Dienstleistungsbetriebe führen die Kasse jedoch meistens innerhalb des Hauptbuchs.

Ist eine Bewegung, die die Kasse und ein Aufwandkonto betrifft, zu verbuchen, reicht es aus, wenn zusätzlich die Kostenstelle oder der Auftrag mit angegeben werden, um auch die Kostenrechnung nachzuführen. Sind Zinszahlungen, Versicherungszahlungen und ähnliche Zahlungen über Bank oder Postcheck fällig, die im gleichen Betrag auch als Kosten einer Kostenstelle zuzuordnen sind, reicht ebenfalls die Angabe der zu belastenden Kostenstelle aus.

### 3.1.5 Erlöserfassung über die Fakturierung

Die Darstellung der Erlösträgergliederung (Teil II, 2.1.4), der VER und der mehrdimensionalen Erfolgsrechnung (Teil II, 2.4.4.) zeigten, dass die Umsätze, die mit den einzelnen Produkten erzielt werden, nach verschiedenen Kriterien zu erfassen sind, und zwar nach *Kundenaufträgen*, und darin nach

- Produkten, Produktgruppen,
- Gebieten, Ländern,
- Verkäufern,
- Absatzkanälen,
- Kundengruppen.

Wird auf den Warenwert, abhängig vom Auftragsumsatz noch ein Volumenrabatt gewährt, kann dieser nur durch prozentuale Zuteilung von den einzelnen Artikeln in Abzug gebracht werden, was zwar nicht ganz einer Einzelerlöserfassung entspricht, aber vertretbar ist, weil dieser Rabatt nur durch die Kombination im einzelnen Auftrag entsteht.

Die Beispielfaktura (aus Teil I, 1.2.1) zeigt, wie man an diese Daten herankommen kann. Die Absatzmenge, der Preis brutto und netto sind durch die Kombination von Artikelnummer und Auftragsnummer gegeben. Über die Artikel-(Produkt-)nummer können die Auswertungen hin zu Produktgruppen und Sortimenten verdichtet werden. Ebenfalls über die Artikelnummer können in der Artikeldatei die proportionalen Herstellkosten pro Einheit abgefragt werden. Damit wird es möglich, die Verkaufserfolgsrechnung bis zum DB I zu erstellen (Bruttoumsatz, Nettoumsatz, Nettoerlös). Wird die Gebiets- und die Verkäufergliederung über die Kundennummer gelöst, kann die einzelne Artikelposition im Auftrag über die Auftrags- und die Kundennummer den jeweiligen Verdichtungsstufen zugeordnet werden. Das Gleiche gilt für die Kundengruppen und für die Absatzkanäle. Damit lassen sich dann auch die mehrdimensionalen Auswertungen (Teil II, 2.4.4) bis hin zum DB I erstellen.

Da bei vielen Anwendungssystemen direkt an die Fakturierung ein Verkaufsstatistikmodul angeschlossen ist, kann die Erlösrechnung oft direkt aus den Daten dieser Verkaufsstatistik erstellt werden. Ganz klar hängen jedoch die Qualität und die möglichen Auswertungen der Erlös- und DB-Rechnung vom Detaillierungsgrad und der Richtigkeit der Datenerfassung in der Fakturierung ab.

Ringbuch AG
Musterstrasse 1
9800 St. Gallen

Kundennummer: 83245

Auftrags-/Rechnungsnummer: 0080
Fakturadatum: 15.9.01

Firma
Seminar AG
Kursstrasse 25
1111 Echantillon

Verkäufer: 21
Wir lieferten Ihnen am: 2.9.01

Ihre Referenz

| Pos. | Artikelnr. | Bezeichnung | Menge | Preis brutto | Rabattsatz | Betrag |
|---|---|---|---|---|---|---|
| 1 | 105010 | 4-Ringbuch 7cm | 100 | 5.00 | 10% | 450.00 |
| 2 | 105060 | 2-Ringbuch 4cm | 200 | 4.00 | 10% | 720.00 |
| Total Warenwert | | | | | | 1'170.00 |
| Porto, Fracht, Verpackung | | | | | | 50.00 |
| MwSt-Satz: 7,6% | | | | | | 92.72 |
| Total Rechnungsbetrag | | | | | | 1'312.72 |

Zahlungskonditionen: 30 Tage netto Fakturadatum
Bitte überweisen Sie den Betrag auf unser PC 90-3762

Abb. 58 *Musterfaktura*

### 3.1.6 Datenflüsse in der Kosten- und Erlöserfassung

Die Pfeile der Übersicht stehen stellvertretend für die Datenübergaben vom abgebenden an das empfangende Modul:

- *Fakturierung → Verkaufsstatistik → Erlösrechnung*
  Istabsatz, -umsatz, -nettoerlös pro Fakturaposition mit zusätzlicher Angabe von Datum, Kunde, Kundengruppe, Verkaufsgebiet, Absatzkanal, usw., damit daraus die mehrdimensionale Auswertung der Isterlöse gewonnen werden kann.
- *Hauptbuchhaltung → Kostenstellenrechnung*
  Istkosten, die bei der Hauptbucherfassung von Aufwand direkt einer Kostenstelle zugeordnet wurden. Erfassung pro Bewegung unter Mitgabe der Belegnummer, des Datums und des Textes.
- *Hauptbuchhaltung → Kostenträgerrechnung*
  Wie oben, aber Zuordnung direkt auf Auftrag möglich.
- *Kreditorenbuchhaltung → Kostenstellenrechnung*
  Ist-Fremdleistungskosten, die direkt an eine Kostenstelle adressiert werden können. Erfassung pro Bewegung unter Mitgabe von Datum, Fakturanummer, Lieferant und Text.
- *Kreditorenbuchhaltung → Kostenträgerrechnung*
  Sinngemässe Erfassung von Fremdleistungen als Kostenträgereinzelkosten auf Aufträge oder Produkte.
- *Materialbuchhaltung → Kostenstellenrechnung*
  Erfassung der Bezüge von Hilfsmaterial und Betriebsstoffen gemäss Materialbezugsscheinen direkt auf Kostenstelle.
- *Materialbuchhaltung → Kostenträgerrechnung*
  Erfassung des Einzelmaterialbezugs auf Auftrag oder Produkt gemäss Materialbezugsscheinen.
- *Lohn und Gehalt → Kostenstellenrechnung*
  Belastung der Istlohnkosten der einzelnen Mitarbeiter auf die Stammkostenstelle (Bruttolohnsumme) unter Mitgabe von Datum und Text. Belastung von effektiven Zulagekosten für Überzeiten und sonstige Lohn- und Gehaltsbestandteile sowie kalkulatorische Belastung der Sozialleistungskosten in Abhängigkeit von der Lohnsumme.

- *Lohn und Gehalt → Kostenträgerrechnung*
  Belastung eventueller Einzellöhne auf Auftrag gemäss Lohnabrechnung (inklusive kalkulatorische Sozialleistungskosten).

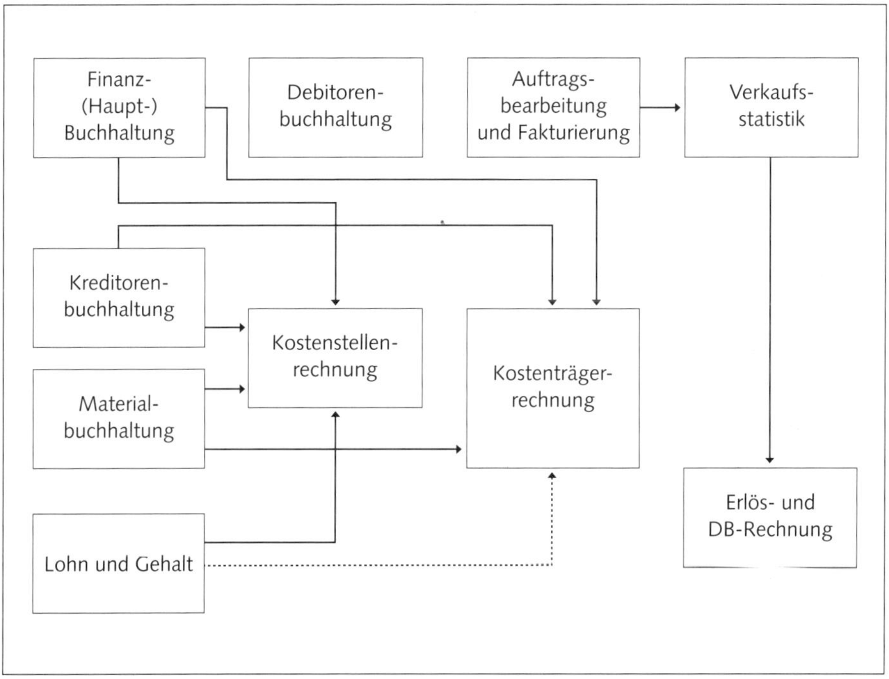


Abb. 59 *Datenflüsse in der Kosten- und Erlöserfassung*

## 3.2 Erfassung der Istleistungen

Nach wie vor stellt in sehr vielen Unternehmen die Erfassung der effektiv erbrachten Leistungen das Hauptproblem für den vollständigen Ausbau der Kostenrechnung dar. Das liegt daran, dass die vorgelagerten Systeme die dazu notwendigen Daten noch nicht oder noch nicht genügend detailliert hervorbringen. Mit vorgelagerten Systemen sind die Hauptmodule des Produktionsplanungs- und -steuerungssystems sowie die Betriebsdatenerfassung gemeint. Den Anforderungen, die die Kostenrechnung an diese Systeme stellt, ist dieses Kapitel gewidmet.

### 3.2.1 Leistungsaufschreibungen

In industriellen Unternehmen mit reiner Auftragsfertigung, in denen kein Auftrag dem anderen gleicht, und in vielen Dienstleistungsbetrieben (Reparaturwerkstätten, Kleingewerbe, Beratung) ist die Produktionsplanung von untergeordneter Bedeutung, sodass auch keine Vorgabezeiten und -mengen erarbeitet werden. In diesen Betrieben beschränkt man sich meist auf die Aufschreibung der von den produktiven Stellen effektiv erbrachten Leistungen.

Damit diese Aufschreibungen für den Soll-Ist-Vergleich in der Kostenrechnung genügen, müssen folgende Anforderungen erfüllt sein:

- Angabe der Stelle, welche die Leistung erbracht hat,
- Angabe von leistungsempfangendem Auftrag oder Stelle,
- Mass der Leistung (Bezugsgrösseneinheit),
- Leistungsmenge,
- Datum.

Da die Leistungen meist direkt von den Personen zu erfassen sind, die sie auch erbracht haben, bedient man sich dazu der Arbeitsrapporte, welche folgende Struktur aufweisen:

| Mitarbeiter: | | MA-Nummer: | |
|---|---|---|---|
| Leistende Kostenstelle/-platz: | | Bezugsgrösse | |
| Datum | Empfangende Stelle oder Auftrag | Arbeits-beschreibung | Menge/Zeit |
| | | | |
| | | | |
| | | | |

Abb. 60 *Arbeitsrapport*

Daraus lassen sich wesentliche Grössen ableiten:

- Die Summe aller Leistungen (meist Stunden), die alle Mitarbeiter einer Kostenstelle in einem Monat für die Produkte aufgeschrieben haben, ergibt die produktive Leistung dieser Stelle, also die Istbeschäftigung.
- Die Summe aller Leistungen, die die Mitarbeiter einer bestimmten Stelle während eines Monats für einen Auftrag erbracht haben, wird mit den Plankostensätzen der leistenden Kostenstelle ausmultipliziert und ergibt so die proportionalen und die anteiligen fixen Fertigungskosten, die diese Stelle dem Auftrag zu belasten hat (s. Abbildung 61).

Sowohl für die Ermittlung der proportionalen als auch der fixen Herstellkosten werden in der Istkostenrechnung also die Plankostensätze mit den Istleistungen ausmultipliziert. Dem muss so sein, damit Unwirtschaftlichkeiten, die wegen Mehrverbrauch in den Kostenstellen entstanden sind, nicht auf die Produkte weitergeschlüsselt werden.

Anstelle der Arbeitsrapporte werden in Betrieben, in denen verschiedene Mitarbeiter der gleichen Kostenstelle an verschiedenen Aufträgen arbeiten, auch Arbeitskarten verwendet (auch Lohnscheine, Fertigungsscheine, Operationskarten genannt). Dafür sprechen verschiedene Gründe:

- Die gleichen Karten können auch für die Lohnabrechnung verwendet werden (Akkord- und Prämiensysteme).
- Die Karten können je nach Bedarf umsortiert und aufaddiert werden:
  – nach Kostenstellen zur Ermittlung der Istbeschäftigung,
  – nach Aufträgen zur Berechnung der Fertigungskosten jedes Auftrages.

| Planbeschäftigung 22001:<br>19'000 Minuten | Leistende Kostenstelle:<br>22001 Stanzerei |
|---|---|
| Beschäftigungsgrad =<br>$\frac{\text{Istbeschäftigung} \times 100}{\text{Planbeschäftigung}}$<br>$\frac{23'750 \text{ Min} \times 100}{19'000}$<br>= 125 % | Leistungen im Berichtsmonat für:<br>Auftrag – Minuten<br>40 – 10'000<br>41 – 6'000<br>42 – 5'000<br>43 – 2'750<br>Istbeschäftigung: 23'750 |

Belastung der Fertigungskosten auf Auftrag 40:

| Leistende Kostenstelle | | | Leistung | Fertigungskosten | |
|---|---|---|---|---|---|
| Nummer | Kostensatz | | | | |
| | proportional | fix | | proportional | fix |
| 22'001 | 0.4000 | 0.7560 | 10'000 Min. | 4'000 | 7'560 |
| 23'001 | | | | | |
| 23'002 | | | | | |
| Total Fertigungskosten | | | | | |

Beispiel: vgl. Bezugsgrössenkalkulation, Teil II, 2.3.2.3

Abb. 61 *Verrechnung der Fertigungskosten*

- Die Karten können auch für die Verfolgung des Auftrags im Fertigungsablauf (Werkstattsteuerung) eingesetzt werden.
- Der Zugriff auf den Urbeleg für Fragen des Istkostennachweises ist mit Karten einfacher als mit Arbeitsrapporten.

Wird diese Systematik angewendet, ist für jede Operation in einer Kostenstelle eine Arbeitskarte auszufüllen; sind aber mehrere Mitarbeiter an der gleichen Operation beteiligt, ist pro Mitarbeiter und Operation eine Karte nötig.

Die Berechnung der Fertigungskosten auf der Basis von Arbeitsrapporten und Arbeitskarten stellt gegenüber anderen Kostenrechnungssystemen einen gewichtigen Fortschritt dar. Noch immer kann aber nicht im Detail festgestellt werden, ob und wie wirtschaftlich wirklich gearbeitet wurde. Dazu ist ein Vergleich der Istzeiten und -mengen mit den Vorgaben notwendig.

### 3.2.2 Arbeiten mit Vorgaben

In der industriellen Fertigung, aber auch im Bau- und Autogewerbe und in einzelnen Dienstleistungsbereichen wird schon lange mit Vorgaben gearbeitet. Darunter sind Mengen-, Zeit- und Leistungswerte gemeint, die es im Leistungserstellungsprozess einzuhalten oder zu erreichen gilt. Bekannt sind insbesondere:

- *Mengenvorgaben*
  Wieviele Quadratmeter, kg, Laufmeter, Tonnen, Stück, etc. sollten von einem bestimmten Material maximal verbraucht werden, um eine Einheit des herzustellenden Produkts zu fertigen? Man spricht auch von Vorgabemenge oder Standardmenge. Diese Grössen werden von Konstrukteuren und Technikern so festgelegt, dass sie von guten Mitarbeitern unter Einhaltung der Qualitätsvorschriften und bei exakter Arbeitsweise erreicht werden können. Eine Standardmenge ist somit ein Ziel, das mit Anstrengung erreicht werden kann. Werden Standardmengen erreicht, haben die entsprechenden Mitarbeiter bezüglich Materialverbrauch wirtschaftlich gearbeitet. Ist mit Ausschuss, Verschnitt oder Abfall zu rechnen, wird dieser in die Standardmengen eingerechnet. Standard- oder Vorgabemengen werden in der Stückliste (Teil II, 2.3.2.3) festgehalten und gepflegt.

- *Zeit- und Leistungsvorgaben*
  Wieviel Zeit darf ein Mitarbeiter oder eine Maschine verbrauchen, um eine bestimmte Operation an einem Stück oder Auftrag richtig und qualitativ genügend auszuführen? Solche Vorgaben werden im betrieblichen Ablauf von

Zeitstudienbüros, Arbeitsvorbereitern und eventuell Konstrukteuren aufgrund von Zeitstudien oder Berechnungen festgelegt. Aus der Sicht des Kostenrechners spricht man hier auch von Standardzeiten. Diese Zeiten beziehen sich üblicherweise auf gute, weiterverwendbare Stück. Ist vorgesehen, dass pro Auftrag ein oder mehrere Stück in dieser Operation kaputt gehen, wird die dafür nötige Zeit ebenfalls in die Zeitvorgabe eingerechnet. Standardzeiten sind demzufolge ebenfalls als mit Anstrengung erreichbare Ziele zu verstehen. Die gleichen Daten werden deshalb auch als Grundlage für Akkord- und Prämienlohnsysteme verwendet. Standardzeiten werden pro Produkt und Kostenstelle/Arbeitsplatz in den Operationsplänen geführt (Teil II, 2.3.2.3). Sind für einen Auftrag Rüst- oder Einrichtezeiten vorzusehen, werden auch diese als Operation geplant und erhalten eine Vorgabezeit.

Vorgabemengen und -zeiten enthalten also Wirtschaftlichkeits- und damit auch Rentabilitätsziele auf dem der Ausführung nächsten Niveau. Diese Grössen sind somit die konkreteste Form der Zielformulierung überhaupt und bilden dadurch die richtige Basis zur Erstellung der gesamten Planungsrechnung (Kostenstellen, Kostenträger, DB-Rechnung), für die Vorkalkulation von Aufträgen und für die Ermittlung der Sollkosten (Wieviel hätte der effektiv ausgeführte Auftrag kosten sollen, wenn genau gemäss Vorgaben gearbeitet worden wäre?).

Für die Erfassung der Istleistungen und die Erstellung des darauf basierenden Soll-Ist-Vergleichs ist die Kostenrechnung auf die Verfügbarkeit dieser Daten angewiesen. Sie kann sie aber nicht alleine erstellen, sondern muss die Daten von dort beziehen, wo sie entstehen, nämlich vom Produktionsplanungs- und -steuerungssystem. Für die Erstellung ist die Funktion Arbeitsvorbereitung zuständig. Dort werden für alle Arbeiten in der Fertigung die Fertigungspapiere auf der Grundlage der Vorgaben erstellt und die Fertigungsaufträge ausgelöst.

Für jede zur Herstellung benötigte Materialposition (Rohmaterial und Halbfabrikate) entsteht in der Auftragsstückliste eine Position mit der für diesen Auftrag berechneten Vorgabemenge. Für die gleiche Position wird zudem ein Materialbezugsschein erstellt, der die gleichen Angaben enthält und als Beleg dient (vgl. Teil II, 3.1.2).

Sinngemäss werden im auftragsspezifischen Operationsplan die einzelnen Arbeitsgänge mit ihren Vorgaben beschrieben und den Kostenstellen/Arbeitsplätzen zugewiesen. Wiederum pro Operation wird eine Arbeitskarte (Operationskarte) ausgedruckt, die die operationsspezifischen Daten enthält (mehrere Karten, wenn mehrere Mitarbeiter die gleiche Operation durchführen sollen, (vgl. Teil II, 3.1.2).

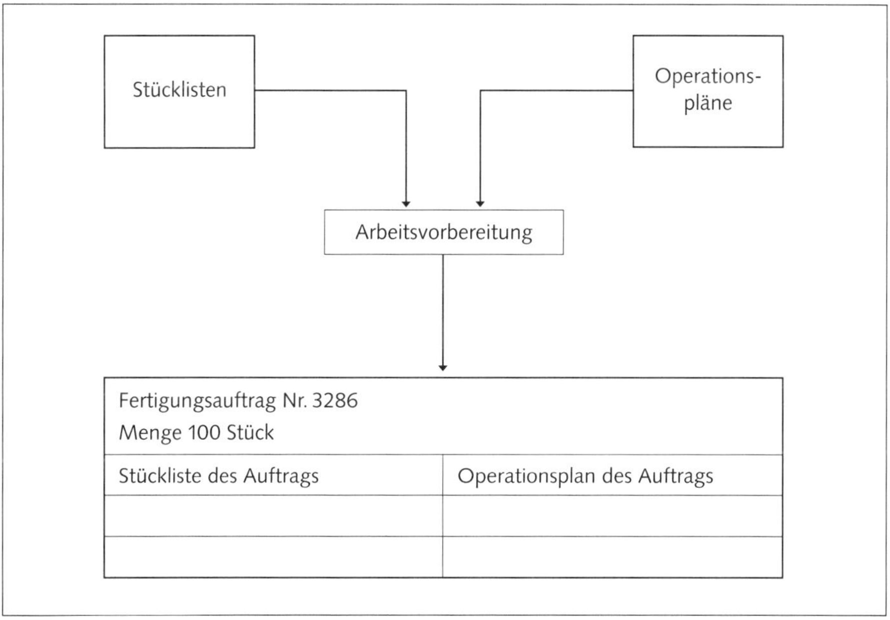


Abb. 62 *Generierung der Fertigungspapiere*

Damit wird offensichtlich, dass zur Berechnung der Standardkosten eines Auftrags in der Kostenrechnung die Kopien aller Materialbezugsscheine und aller Arbeitskarten eines Auftrags benötigt werden.

Vorgabemenge pro Materialposition x Standardpreis dieses Materials
summiert über alle Positionen
= Einzelmaterialkosten
\+ Vorgabezeit pro Operation x proportionaler Plankostensatz der ausführenden Kostenstelle
summiert über alle Operationen
= Proportionale Fertigungskosten

Vgl. auch Teil II, 2.3.2.3

Durch die Bewertung der Vorgabemengen mit Standardpreisen und der Vorgabezeiten mit den Plankostensätzen resultieren somit diejenigen Einzelmaterial- und Fertigungskosten, die ein ausgeführter Auftrag bei wirtschaftlicher, das heisst plan- und zielgemässer Ausführung hätte kosten sollen, die Standardkosten. Werden effektiv grössere Materialmengen verbraucht oder höhere Arbeitszeiten aufgewendet, ergeben sich Kostenträgerabweichungen (Analyse vgl. Teil II, 4.4).

### 3.2.3 Betriebsdatenerfassung (BDE)

Unter diesem Sammelbegriff wird die Erhebung der im Betrieb im direkten Zusammenhang mit effektiven Verbräuchen entstehenden Daten verstanden. BDE ist abzugrenzen von der reinen Präsenzzeiterfassung, die nur dazu dient, die Anwesenheit (bzw. die Abwesenheitsgründe) des Personals zu überwachen.

Mittels BDE werden – je nach Ausbauzustand – verschiedene Grössen erfasst:

- effektive Materialbezüge
  (auch Nachbezüge, die über die Vorgabe hinausgehen),
- effektiv aufgewendete Arbeitszeiten pro Operation, Auftrag und Mitarbeiter,
- Leistungsmengen und Arbeitszeiten von Maschinen und Anlagen,
- Verbräuche von Energie (Prozessdampf, KWh, Öl- und Treibstoffverbrauch),
- Werkzeugeinsatz und -verschleiss.

Diese Daten werden wie in Teil II, 3.2.1 beschrieben (oder sinngemäss) erfasst.

> Will man Betriebsdatenerfassung elektronisch betreiben, ist ein gut ausgebautes Produktionsplanungs- und -steuerungssystem eine vorgängig zu schaffende Voraussetzung.

Elektronische BDE mit Magnetkarten, Badges, Lesestiften, Scannern, Sensoren und ähnlichen Geräten kann nur dann sicher betrieben werden, wenn elektronisch folgende Prüfungen möglich sind:

- Ist der zu belastende Fertigungsauftrag vorhanden und eröffnet?
- Gibt es diesen Mitarbeiter?
- Gibt es diese Kostenstelle?
- Führen wir dieses Material?
- Gibt es dieses Werkzeug?

Die zu diesen Prüfungen notwendigen Daten werden wie erwähnt im Produktionsplanungs- und -steuerungssystem geführt.

### 3.2.4 Datenflüsse zur Istleistungserfassung

Die hier zu betrachtenden Datenfllüsse zwischen Fertigung und betrieblichem Rechnungswesen bilden die Basis für die Erstellung des Soll-Ist-Vergleichs in den Kostenstellen und für die Nachkalkulation.

- *PPS → Kostenträgerrechnung und PPS → Kostenstellenrechnung*
  Erfassung der Vorgaben für die Aufträge bzw. Gutschrift der Leistungen an die Kostenstellen.
  Auf der Grundlage der Stücklisten und Operationspläne im PPS erstellt die Arbeitsvorbereitung die auftragsspezifischen Fertigungspapiere (vgl. Teil II, 3.2.2). Zu den einzelnen Operationen werden auch die Vorgabezeiten(-leistungen) mitgegeben. Diese gilt es in die Kostenträgerrechnung zwecks Berechnung der Standardfertigungskosten des Auftrags zu übernehmen. Die gleichen Vorgabezeiten werden – dieses Mal nach leistenden Kostenstellen sortiert – an die Kostenstellenrechnung übergeben, um daraus die Istleistung jeder Stelle zu errechnen. Dabei handelt es sich um die Istleistung zu Vorgabezeiten (Ist-Soll-Leistung, vgl. Teil II, 4.3).
  Die Vorgabemengen aus den Stücklisten gehen ebenfalls in die Trägerrechnung, damit dort bewegungsweise die Standard-Einzelmaterialkosten des gefertigten Auftrages berechnet werden können (Vorgabemenge x Standardpreis).

- *BDE → Kostenträgerrechnung und BDE → Kostenstellenrechnung*
  Über diese Schnittstelle werden die effektiven Leistungen erfasst. Effektiv bezogenes Material (wenn nicht direkt von der Materialbuchhaltung belastet) x Standardpreis ergibt die Ist-Einzelmaterialkosten pro Materialposten.
  Effektiv von einer Kostenstelle auf einen Auftrag geleistete Arbeitszeit ergibt die Ist-Fertigungskosten (Istzeit x Plankostensatz der leistenden Kostenstelle). Die Zusammenfassung aller Istleistungsbelege für eine Kostenstelle ergibt deren Istleistung zu effektiven Werten (Ist-Ist-Leistung, vgl. Teil II, 4.3). Soweit der innerbetriebliche Leistungsaustausch zwischen Kostenstellen nicht durch Arbeitsrapporte erfasst wird, sondern durch einzelne Belege über BDE, entsteht hier zudem die Datenquelle für die innerbetriebliche Leistungsverrechnung.

- *PPS → BDE*
  Diese Schnittstelle dient der Durchführung der in Teil II, 3.2.3 erwähnten Plausibilitätsprüfungen bezüglich Vorhandensein von Aufträgen, Mitarbeitern, Kostenstellen usw.

- *Kostenstellenrechnung → Kostenträgerrechnung*
  In den Kostenstellen wurden die Kostensätze geplant. Diese werden nun entweder mit den Vorgabezeiten (-leistungen) oder mit den Istzeiten aus PPS und BDE operationsweise ausmultipliziert und ergeben damit auf dem Auftrag/Kostenträger die Belastung der Fertigungskosten (proportionale und anteilige fixe).

- *Kostenträgerrechnung → Deckungsbeitragsrechnung*
  Über diesen Pfad werden schliesslich die geplanten oder die vorkalkulierten proportionalen Herstellkosten pro Einheit oder pro Auftrag in die marktorientierte DB-Rechnung übergeben, so dass dort der Plan- und der Soll-DB I ermittelt werden können.

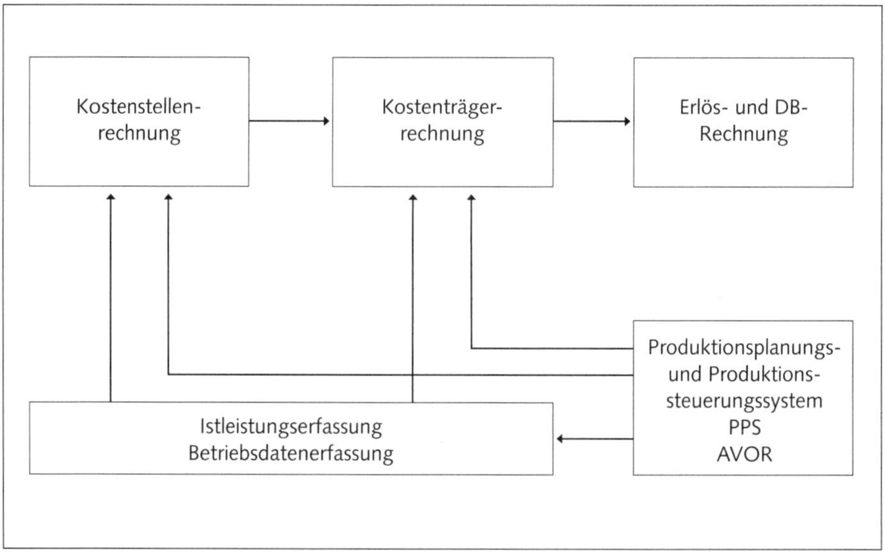


Abb. 63 *Datenflüsse zur Istleistungserfassung*

# 4 Soll-Ist-Vergleich und Erwartungsrechnung

Betriebliches Rechnungswesen soll, wie in der Einführung zum II. Teil geschrieben wurde, es den Führungskräften ermöglichen, ihre Arbeit auf die Erreichung der finanzwirtschaftlichen Ziele auszurichten. Da das effektive Geschehen meistens nicht genauso eintrifft wie geplant, ergibt sich die Notwendigkeit, regelmässig zwischen Plan und Ist zu vergleichen. Aus diesen Vergleichen soll abgeleitet werden, ob, wo und wann Korrekturmassnahmen einzuleiten sind, damit die Führungskräfte und das Unternehmen ihre Ziele trotzdem noch erreichen können. In der Folge wird dargelegt, wie zur Erstellung führungsorientierter Vergleiche vorzugehen ist und welche Aussagen gewonnen werden können.

## 4.1 Zweck und Begriff des Soll-Ist-Vergleichs

Lange Zeit bestand der Zweck des Soll-Ist-Vergeichs (SIV) darin, nachzurechnen, wie viel die einzelnen erbrachten Leistungen in Wirklichkeit gekostet hätten. In der Nachkalkulation wollte man die Abweichungen gegenüber dem Plan «abrechnen» und sie auf die Kostenstellen und auf die Produkte weiterbelasten. Das betriebliche Rechnungswesen wurde als «Abrechnungssystem» zur genauen Feststellung der Kosten und eventuell zur «Bestrafung der Schuldigen» verstanden. Versteht man jedoch betriebliches Rechnungswesen als führungs- und entscheidungsorientiertes Hilfssystem, wird es nicht zum Abrechnungssystem, sondern zur Veranlassungsrechnung. Der SIV soll die Empfänger dazu veranlassen, nachzudenken, ob bei Abweichungen zwischen Plan und Ist Korrekturmassnahmen zu ergreifen sind, damit das Unternehmen seine finanzwirtschaftlichen Ziele trotzdem noch erreichen kann. Abweichungsanalysen werden somit zukunftsorientiert durchgeführt. Controller fragen nur woher die Abweichung rühren könnte, damit sie nachher im Team mit der verantwortlichen Führungskraft nach geeigneten Korrekturhandlungen für die Zukunft suchen können.

Auch in einem führungsorientierten System bringt ein reiner Vergleich zwischen Plan und Ist nicht direkt die erhofften Einsichten. Dies rührt daher, dass die

Kosten und Erlöse in der Planung für bestimmte Leistungen geplant wurden, währenddem im Ist sowohl die erbrachten Leistungen als auch Kosten und Erlöse sich gegenüber Plan ändern können. Die Vergleichbarkeit kann über die Sollrechnung erreicht werden, indem dort die Plankosten der effektiv erbrachten Leistungen den Istkosten gegenübergestellt werden.

| | Planungsrechnung | Sollrechnung | Istrechnung |
|---|---|---|---|
| Leistungen | Plan | Ist | Ist |
| Kosten/Erlöse | Plan | Plan | Ist |

Der Begriff «Soll-Ist-Vergleich» kommt also daher, dass das, was die effektiv erbrachte Leistung hätte kosten sollen, mit den Istwerten verglichen wird. Sinngemäss gilt, dass die Isterlöse den Erlösen gegenübergestellt werden, die gemäss Planwerten, aber mit den Istverkaufsmengen zu realisieren gewesen wären.

Sollkosten sind die Plankosten der Istleistung, Sollerlöse sind die Planerlöse der Istabsatzmengen. Daraus kann man ableiten, dass Sollkosten der Massstab der Wirtschaftlichkeit im Soll-Ist-Vergleich für Kostenstellen sind und Sollerlöse das Sinngemässe für die Umsatzentstehung.

Kostenstellenleiter, die ihre Leistung und ihre Kosten so planen, dass sie mit Anstrengung einhaltbar sind, arbeiten dann wirtschaftlich, wenn es ihnen gelingt, die Istleistung möglichst genau mit den Sollkosten zu erstellen.

Abweichungen zwischen Soll und Ist sind eine ganz natürliche Erscheinung, die sich alleine daraus ergibt, dass die Zukunft nicht voraussehbar ist. Für die Führung ist es jedoch wichtig, einen Plan zu haben, um überhaupt zu merken, wenn Abweichungen eintreten und zu wissen, welchen Verantwortungs-, Beobachtungs- und Beeinflussungsbereichen die Abweichungen zuzuordnen sind.

## 4.2 Abweichungen in vorgelagerten Systemen

Im betrieblichen Rechnungswesen müssen nicht gesetzliche Vorschriften, sondern die sich durch die Führungsunterstützung ergebenden Bedürfnisse gedeckt werden. Dies führt dazu, dass Leistungen von einem bestimmten Bereich an einen nachgelagerten verantwortlichkeitsgerecht weiterzuverrechnen sind. Bezogen auf die Schnittstellen zwischen Beschaffungsbereichen und Kostenstellen bzw. Kostenträgern bedeutet dies, dass im Soll-Ist-Vergleich wertmässig nur das weitergegeben wird, was in der nachfolgenden Stelle auch beeinflusst werden kann. Es sind somit die effektiv bezogenen Einheiten, jedoch immer zu den geplanten Wertansätzen zu belasten, was zur Systematik der Standardkostenrechnung (vgl. Käfer, *Standardkostenrechnung*) führte. Mit Standardpreisen können die Preisschwankungen am Beschaffungsmarkt isoliert werden, so dass die Material- und Leistungsbezüge in die Kostenstellen und -träger immer gleich bewertet werden. Die für die Verrechnung mit Standards wesentlichen Bezüge sind:

- Materialbezug ab Lager (auch Halbfabrikate),
- Personalleistungsbezug, soweit in der Personaladministration mit Standard-Sätzen (Tarifen) geplant und gerechnet wird,
- Fremdleistungsbezug über Kreditorenbuchhaltung, wo aber wegen ständig wechselnder Leistungen kaum eine Standardisierung möglich ist,
- Anlagenverbrauch von der Anlagenbuchhaltung, welcher immer standardisiert, das heisst wie geplant belastet wird.

*Standardpreisbestimmung*
Als Standardpreis wird derjenige Wert pro Einheit festgelegt, der im Planjahr unter Ausnutzung der bestmöglichen Einkaufsquellen und unter Berücksichtigung des Einkaufsvolumens im Durchschnitt erreicht werden sollte (Einkäuferziel).

Am Beispiel der Materialbuchhaltung wird die Systematik des Standardpreissystems kurz gezeigt.

**Ringbuch AG – Materialbuchhaltung**

Materialnummer: 30210 Materialbeschreibung: Karton in Tafeln à 1 $m^2$, in der richtigen Zuschnittbreite

| Beleg-Nr. | Datum | Text | Menge | | | Standardpreis/Einheit | | | | Effektiver Bestand | | |
|---|---|---|---|---|---|---|---|---|---|---|---|---|
| | | | Ein | Aus | Bestand | | Ein | Aus | Bestand | bezahlt | Wert kumuliert | ø-Preis/Einheit |
| EB | 1.1. | Eröffnungsbestand | | | 1'000 | 0.2000 | | | 200.00 | | 200.00 | 0.2000 |
| EK 1 | 28.1. | Einkauf/Wareneingang | 5'000 | | 6'000 | 0.2000 | 1'000.00 | | 1'200.00 | 850.00 | 1'050.00 | 0.1750 |
| Bez 1 | 30.1. | Bezug auf Auftrag 1 | | 2'000 | 4'000 | 0.2000 | | 400.00 | 800.00 | – 350.00 | 700.00 | 0.1750 |
| Bez 2 | 30.1. | Bezug auf Auftrag 2 | | 3'500 | 500 | 0.2000 | | 700.00 | 100.00 | – 612.50 | 87.50 | 0.1750 |
| EK 2 | 10.2. | Einkauf/Wareneingang | 10'000 | | 10'500 | 0.2000 | 2'000.00 | | 2'100.00 | 2'100.00 | 2'187.50 | 0.2083 |
| Rück | 11.2. | Rücknahme aus Auftrag 2 | 300 | | 10'800 | 0.2000 | 60.00 | | 2'160.00 | 62.50 | 2'250.00 | 0.2083 |
| Bez 3 | 15.2. | Bezug auf Auftrag 3 | | 3'000 | 7'800 | 0.2000 | | 600.00 | 1'560.00 | – 625.00 | 1'625.00 | 0.2083 |

| | | | |
|---|---|---|---|
| Preisabweichung beim Einkauf EK 1 | 5'000 Tafeln à (0.2 – 0.17) = | 150 | (positiv) |
| Preisabweichung beim Einkauf EK 2 | 10'000 Tafeln à (0.2 – 0.21) = | –100 | (negativ) |
| Saldo Abweichungskonto | | 50 | (positiv) |

Abb. 64 *Standardpreissystem*

Die gewichteten Durchschnittspreise/Einheit sind nach dem FIFO-Verfahren berechnet (First-In-First-Out).

Aus der Tabelle sind die Vorteile des Standardpreissystems leicht erkennbar:

- alle Materialzu- und -abgänge werden immer zu Standardpreisen bewertet, wodurch die Fertigung und die beziehenden Kostenstellen das Material immer zum gleichen Preis beziehen können, was weiter dazu führt, dass Preisabweichungen beim Einkauf nicht auf die empfangenden Stellen oder Aufträge durchschlagen. Die Verantwortlichkeit zwischen Beschaffung und Leistungserstellung wird damit klar abgegrenzt.
- Die Erfassung der Materialbezüge kann vereinfacht werden, da jeweils nur die bezogene Menge erfasst werden muss, die dann immer mit dem Standardpreis ausmultipliziert werden kann.
- Solange der Standardpreis nicht angepasst wird (normalerweise während des gesamten Planjahres) sind wertmässiger und mengenmässiger Bestand immer richtig nachgeführt.
- Werden Durchschnittspreise angewandt, muss man sich zuerst entscheiden, welches Bewertungsverfahren anzusetzen ist (FIFO, zuerst eingehende Bestände werden auch zuerst verbraucht, oder LIFO, zuletzt eingehende Bestände werden zuerst verbraucht) und wie die Bezüge ab Lager zu bewerten sind (letzter Einstandspreis oder durchschnittlicher gewogener Einstandspreis).
- Ohne Standardpreissystem können Bezüge des gleichen Materials dem gleichen Auftrag zu unterschiedlichen Preisen belastet oder bei Nichtgebrauch und Rückgabe gutgeschrieben werden (vgl. Bez. 2 und Rück), was zu Unklarheiten führt.
- Über das Preisabweichungskonto kann gezeigt werden, ob und wie es dem Einkauf gelungen ist, die geplanten Standardpreise einzuhalten. Weichen die effektiven Preise von den Standards ab, ist der Einkauf die erste Instanz, die Korrekturmassnahmen überlegen muss.

Mit Anwendung des Standard-Preissystems kann auch dem Umstand Rechnung getragen werden, dass die Abweichungen vom Planpreis zum Zeitpunkt des Einkaufs entstehen und somit meistens auch nicht richtig verursachungsgerecht auf die verschiedenen verbrauchenden Stellen aufgeteilt werden können.

Sinngemäss wie in der Materialbuchhaltung kann auch ein Standardlohnsystem für die Personaladministration aufgebaut werden. In diesem Falle soll verhindert werden, dass Lohnsätze, die gegenüber der Planung abweichen, sich in die Kostenstellen übertragen und dort den Soll-Ist-Vergleich verfälschen. Die entstehenden Lohnsatzabweichungen gehören in den Verantwortungsbereich der Personalleitung und sollen nicht an die Kostenstellen, zu denen die Mitarbeiter zugeordnet sind, weiterverrechnet werden. Werden jedoch besser qualifizierte Mitarbeiter als geplant in einer Kostenstelle eingesetzt oder sind ungeplante Überzeitzuschläge zu bezahlen, sollen die entsprechenden Beträge direkt den empfangenden Kostenstellen belastet werden.

In Hinsicht auf die genaue Abgrenzung von Abweichungen der Beschaffungsseite von den Abweichungen der Leistungserstellung sollten eigentlich für alle Beschaffungsgüter Standardpreise oder -sätze festgelegt werden. In der Praxis lohnt sich dieser Aufwand jedoch nur für Kostenarten, die einen grösseren Anteil an den Gesamtkosten ausmachen. Dies sind die bedeutendsten Roh- und Hilfsmaterialien, eventuell wichtige Fremdleistungen, die immer in gleicher Form bezogen werden, sowie die Stundensätze für die grossen Personalkategorien.

## 4.3 Kostenstellen-Soll-Ist-Vergleich

Abweichungsanalyse in Kostenstellen kann ohne Übertreibung als die wichtigste Form des Soll-Ist-Vergleichs bezeichnet werden. Denn Kostenstellen gibt es in jedem Unternehmen, sei es im Fertigungs-, ein Dienstleistungs- oder im Handelsbetrieb. Die Frage, die es kostenstellenweise und darin auch kostenartenweise zu beantworten gilt, lautet:

Wie gut ist es der Kostenstelle gelungen, die Sollkosten einzuhalten und welche Korrekturmassnahmen sind vorzusehen?

Die Sollkosten ergeben sich dabei nach folgender Formel:

Sollkosten = (Istleistung x proportionaler Plankostensatz)
+ geplante Fixkosten

Zum gleichen Resultat führt auch die Formel:

Sollkosten = (Istbeschäftigungsgrad x proportionale Plankosten)
+ geplante Fixkosten

Wie schon vorne angeführt, sind die Sollkosten die Plankosten der effektiv erbrachten Leistung und stellen den Massstab für die Messung des Zielerreichungsgrades bezüglich Kosten dar. Wurden die Kosten einer Stelle zielorientiert geplant, also so, dass sie mit Anstrengung gerade noch erreichbar sind, sagt das Erreichen der Sollkosten aus, dass die Kostenstelle ihren Beitrag zum Unternehmenserfolg genau erbracht hat, also wirtschaftlich gearbeitet hat. Diese Aussage gilt sowohl für leistungsabhängig geplante Kostenstellen mit proportionalem und fixem Kostenanteil als auch für reine Fixkostenstellen.

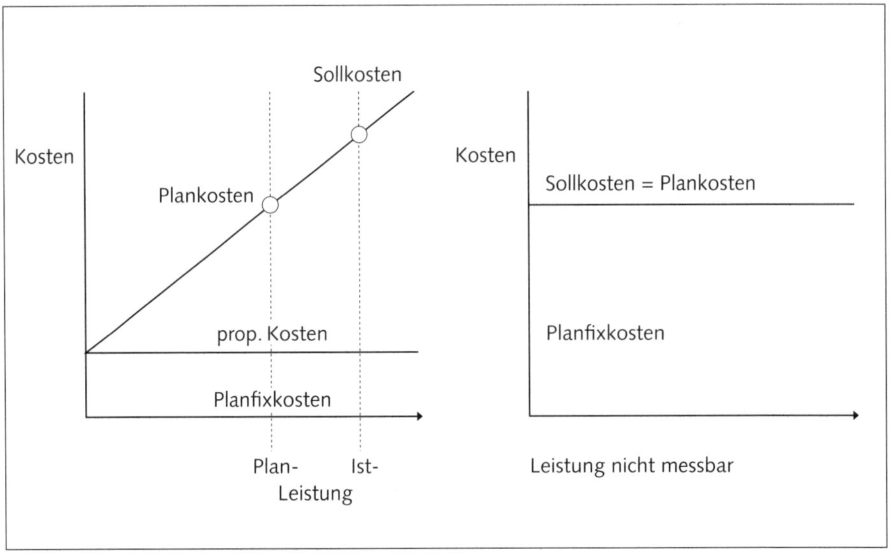


Abb. 65 *Sollkosten und fix budgetierte Kosten*

Sollkosten ./. Istkosten = Verbrauchsabweichung

Eine Istkostenüberschreitung gegenüber Soll führt hier zu einer negativen Abweichung. Dies deshalb, weil die Abweichung sich in diesem Falle negativ auf das Gesamtergebnis auswirkt. In vielen Publikationen werden die Vorzeichen anders gesetzt.

Werden den Soll- oder den budgetierten Kosten die im Berichtsmonat effektiv als Istkosten belasteten Beträge gegenübergestellt, resultiert die Verbrauchsabweichung. Eine Verbrauchsabweichung ist für Kostenstellenleiter das Signal, sich zu überlegen, ob sie Korrekturmassnahmen für den weiteren Geschäftsverlauf ansetzen sollen. Da sie für die Einhaltung der Sollkosten verantwortlich sind, ist demzufolge die Verbrauchsabweichung die für sie bedeutendste Abweichungsgrösse.

Es ist deshalb auch einfach verständlich, dass die Verbrauchsabweichung kostenartenweise auszuweisen ist, da dies dem Stellenleiter besser zeigt, welche der Kostenarten im Ist anders angefallen sind, als sie hätten sollen. Hat die Kostenstelle im System der Vollkostenrechnung auch Kostenumlagen zu tragen, die in der Stelle selbst nicht beeinflussbar sind, ist dafür zu sorgen, dass durch diese Umlagen keine Abweichungen gegenüber Sollkosten entstehen, da diese ja nicht von der empfangenden Stelle verantwortet werden können (vgl. kalkulatorische Kostenarten im Beispiel).

Man kann auch argumentieren, die kalkulatorischen und Umlagekostenarten würden im Soll-Ist-Vergleich nur zum Zwecke der Information ausgewiesen. Ihre Steuerung und Kontrolle muss in jedem Fall in derjenigen Stelle geschehen, wo sie erstmals als Einzelkosten erfasst und ausgewiesen werden. Dort sind sie auch direkt beeinflussbar.

Im Kostenstellen-SIV werden oft auch die Beschäftigungs- und die Intensitätsgrad- oder Leistungsgradabweichung ermittelt. Diese Abweichungsarten haben aber im Vergleich zur Verbrauchsabweichung nur einen sehr beschränkten Aussagegehalt. Die Beschäftigungsabweichung zeigt auf, inwiefern es gelungen ist, die geplanten fixen Kosten im Berichtsmonat auf die verkauften oder an Lager gegangenen Produkte zu verrechnen. Ob das Unternehmen aber erfolgreich am Markt operiert hat, wird damit in keiner Weise ausgesagt. Dies wird bekannterweise durch die realisierten Erlöse und Deckungsbeiträge bestimmt.

Istkostennachweis

Um sich Korrekturmassnahmen auszudenken, ist der Kostenstellenleiter darauf angewiesen, die einzelnen Kostenbelastungen belegweise nachvollziehen zu können; nötigenfalls bis zu den Urbelegen. Dazu ist es notwendig, die Istkostenbelastungen immer mit ihren Belegnummern aus den vorgelagerten Buchhaltungen und der Istleistungserfassung zu versehen.

Das Beispiel in Abbildung 67 basiert bei einer Planbeschäftigung von 19'000 Mitarbeiterminuten auf proportionalen Plankosten von 9'934 und Planfixkosten von 13'541, totale Plankosten somit 23'475. Die Sollkosten der Ist-Beschäftigung betragen (125 % x 9'934) + 13'541 = 25'958.5. Werden die Istleistungen der Stelle zum Vollkostensatz von 1,2355 weiterverrechnet, ergibt sich ein verrechneter Betrag von 29'343.5 (= 23'750 x 1.2355).

| | | |
|---|---|---|
| Beschäftigungsabweichung | = | verrechnete Vollkosten – Sollkosten |
| | = | (Istleistung – Planleistung) x Planfixkostensatz |
| 3'385 | = | 29'343.5 – 25'958.5 |

**Monatsbericht zur Kostenstelle: 22001 Stanzerei**

| | | | | | |
|---|---|---|---|---|---|
| Berichtsmonat: Februar | | Planleistung: | 19'000 Minuten | | Beschäftigungsgrad: |
| Bezugsgrösseneinheit: Mitarbeiterminuten | | Istleistung Monat: | 23'750 Minuten | | 125.00 % |
| KOA | Bezeichnung | Soll | Ist | Abweichung | in Prozent |
| 1 | Gehälter | 3'200 | 3'205 | – 5 | – 0.16 |
| 2 | Löhne | 5'988 | 6'000 | – 12 | – 0.20 |
| 3 | Überzeitzuschläge | 0 | 750 | – 750 | – 100.00 |
| 4 | Sozialleistungen kalk. | 919 | 996 | – 77 | – 8.35 |
| 5 | Büromaterial | 20 | 15 | 5 | 25.00 |
| 6 | Hilfs- und Betriebsstoffe | 955 | 900 | 55 | 5.76 |
| 7 | Werkzeuge | 390 | 400 | – 10 | – 2.56 |
| 13 | Unterhalt Maschinen | 1'439 | 2'551 | – 1'112 | – 77.31 |
| 14 | Übrige Gemeinkosten | 365 | 380 | – 15 | – 4.11 |
| Total beeinflussbare Kosten | | 13'275 | 15'197 | – 1'921 | – 14.47 |
| 20 | Kalk. Abschreibungen | 3'918 | 3'918 | 0 | 0.00 |
| 21 | Kalk. Gewinnziel | 1'333 | 1'333 | 0 | 0.00 |
| 51 | Kalk. Materialverwaltung | 728 | 728 | 0 | 0.00 |
| 52 | Kalk. Raumkosten | 5'040 | 5'040 | 0 | 0.00 |
| 53 | Kalk. Elektrizitätskosten | 145 | 145 | 0 | 0.00 |
| 54 | Kalk. Betriebsleitung | 1'520 | 1'520 | 0 | 0.00 |
| Total kalkulatorische Kosten | | 12'684 | 12'684 | 0 | 0.00 |
| Kostentotal | | 25'959 | 27'880 | – 1'921 | – 7.40 |
| Berichtsmonate: Januar – Februar | | | | Beschäftigungsgrad | |
| Istleistung kumuliert: 42'750 Minuten | | | | durchschnittlich: | 112.50 % |
| KOA | Bezeichnung | Soll | Ist | Abweichung | in Prozent |
| 1 | Gehälter | 6'400 | 6'405 | – 5 | – 0.08 |
| 2 | Löhne | 10'788 | 10'700 | 88 | 0.81 |
| 3 | Überzeitzuschläge | 0 | 750 | – 750 | – 100.00 |
| 4 | Sozialleistungen kalk. | 1'719 | 1'786 | – 67 | – 3.88 |
| 5 | Büromaterial | 40 | 38 | 2 | 5.00 |
| 6 | Hilfs- und Betriebsstoffe | 1'735 | 1'800 | – 65 | – 3.75 |
| 7 | Werkzeuge | 710 | 723 | – 13 | – 1.83 |
| 13 | Unterhalt Maschinen | 2'619 | 2'651 | – 32 | – 1.23 |
| 14 | Übrige Gemeinkosten | 665 | 680 | – 15 | – 2.26 |
| Total beeinflussbare Kosten | | 24'675 | 25'533 | – 858 | – 3.48 |
| 20 | Kalk. Abschreibungen | 7'252 | 7'252 | 0 | 0.00 |
| 21 | Kalk. Gewinnziel | 2'666 | 2'666 | 0 | 0.00 |
| 51 | Kalk. Materialverwaltung | 1'456 | 1'456 | 0 | 0.00 |
| 52 | Kalk. Raumkosten | 10'080 | 10'080 | 0 | 0.00 |
| 53 | Kalk. Elektrizitätskosten | 265 | 265 | 0 | 0.00 |
| 54 | Kalk. Betriebsleitung | 3'040 | 3'040 | 0 | 0.00 |
| Total kalkulatorische Kosten | | 24'759 | 24'759 | 0 | 0.00 |
| Kostentotal | | 49'434 | 50'291 | – 858 | – 1.73 |
| Plankostensätze | | prop. 0.523 | fix 0.713 | | |

Abb. 66 *Soll-Ist-Vergleich Stanzerei*

Die Abweichung von 3'385 zeigt damit an, dass die vorgehaltene Kapazität der Stelle durch die höhere Beschäftigung besser ausgelastet werden konnte als geplant. Für diese Auslastung ist in erster Linie der Verkauf, nicht aber der Stellenleiter verantwortlich. Die Beschäftigungsabweichung ist zudem eine weitgehend künstliche Grösse, denn das Beispiel zeigt, dass die einzige wirklich reale Zahl die Istleistung ist. In einem System der Vollkostenrechnung wird diese Abweichung jedoch zur Ermittlung des Betriebserfolgs benötigt.

Etwas interessanter ist die Intensitätsgrad- oder Leistungsgradabweichung. Sie kann aufzeigen, welche wertmässigen Konsequenzen das Nichteinhalten von Vorgabezeiten in der Fertigung hat.

Formel für die Intensitätsgradabweichung:
= (Istleistung zu Vorgabezeiten – effektiv gemessene Istleistung) x Planfixkostensatz
= (23'750 – 25'000) x 0.7127 = –891

In diesem Beispiel wurden 1'250 Arbeitsminuten mehr für die produktive Arbeit aufgewendet, was zur ausgewiesenen Abweichung von –891 führte. Die Beschäftigungsabweichung im weiteren Sinne wäre, würden der Kostenstelle die effektiv gemessenen 25'000 Min. als Istleistung gutgeschrieben, sogar +4'276 (3'385 + 891). Gutgeschrieben werden jedoch nur die Vorgabezeiten für die guten, weitergelieferten Stück. Daraus kann man erkennen, dass die Intensitätsgradabweichung vor allem bei Beschäftigungsrückgang interessant wird, da mit ihr die wertmässige Auswirkung des «Streckens der Arbeit» dargestellt werden kann. (Für eine nähere Analyse dieser Abweichungsarten vgl. Kunz, S. 121 ff.).

Bevor jedoch die Intensitätsgradabweichung ermittelt werden kann, müssen zwei wichtige Voraussetzungen erfüllt sein:

- Vorgabezeiten für einzelne Operationen müssen verfügbar sein (vgl. Teil II, 1.3),
- die effektiven Istzeiten müssen mittels Betriebsdatenerfassung operationsweise erhoben werden (vgl. Teil II, 3.2.3).

In vielen Unternehmen ist eine dieser Voraussetzungen nicht erfüllt oder bedeutet zuviel Planungs- und Erfassungsaufwand. Deshalb wird auf die Analyse der Intensitätsgradabweichung oft verzichtet. Sie könnte jedoch, wie die Verbrauchsabweichung, vom Kostenstellenleiter verantwortet werden.

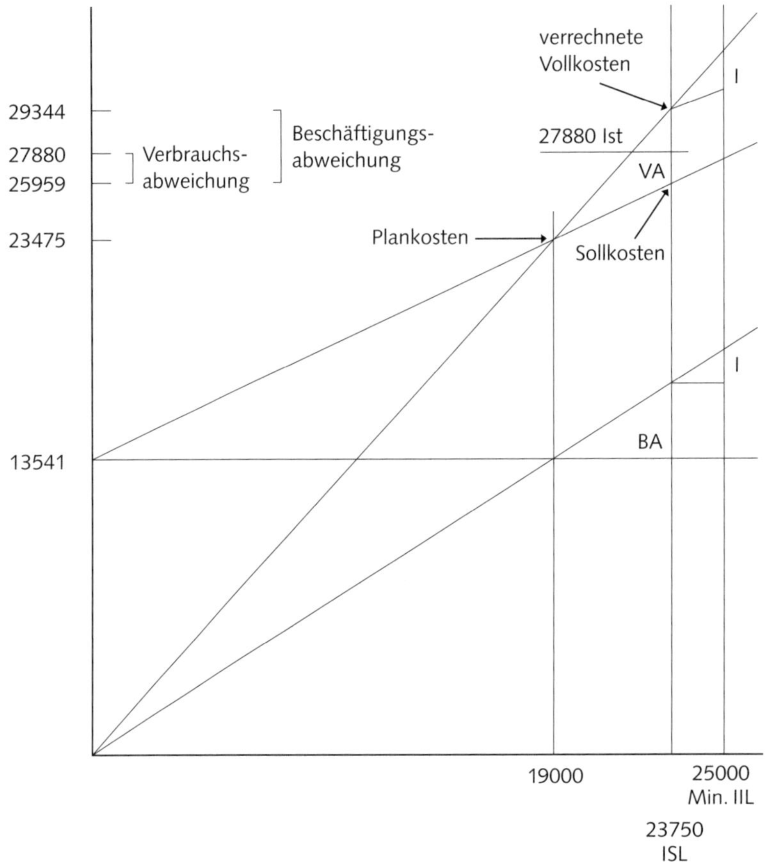


VA Verbrauchsabweichung (–1922)
BA Beschäftigungsabweichung (+3385)
I Intensitätsgradabweichung (–891)
ISL Ist-Soll-Leistung
IIL Ist-Ist-Leistung

Abb. 67 *Kostenstellen-Abweichungsübersicht*

## 4.4 Kostenträgerabweichungen

Im führungsorientierten Rechnungswesen werden die meisten einem Auftrag (Kostenträger) zuordenbaren Leistungen standardisiert, das heisst zu den geplanten Sätzen belastet. In Anwendung der Aussagen aus Teil II, 4.2 und 4.3, sind dies vor allem:

- Materialbezüge ab Lager (zu Standardpreisen)
- Leistungen der Fertigungskostenstellen (zu Plankostensätzen)
- eventuell Fremdleistungen, wenn deren Einstandspreise standardisiert wurden,
- eventuell Einzellöhne zu Standardlohnsätzen.

Preiswirkungen und Unwirtschaftlichkeiten der Leistungserstellung in Kostenstellen sollten sich deshalb nicht auf die Nachkalkulation von Aufträgen auswirken. In der Kostenträger-Nachkalkulation (auftrags- oder produktweise) interessiert auch vielmehr, ob gegenüber dem Plan Mehr- oder Minderverbräuche zu erkennen sind, die dem Auftrag eindeutig zuordenbar sind. Da aber die geplante oder bestellte Menge nicht immer mit der guten gefertigten Menge übereinstimmt, vergleicht man nicht die Plankosten eines Kostenträgers mit seinen Istkosten, sondern die Standardkosten.

Die Standardkosten eines Auftrags ergeben sich aus der Zusammenstellung der für den Auftrag und für die hergestellte Menge vorgegebenen Materialmengen und Arbeitsleistungen.

- *Standard-Einzelmaterialkosten:*
  Vorgabemenge pro Materialposition x Standardpreis dieser Position, summiert über alle in der Stückliste vorgegebenen Materialien.

- *Standard-Fremdleistungskosten:* sinngemäss

- *Standard-Fertigungskosten:*
  Vorgabezeit pro Operation x Plankostensatz der ausführenden Kostenstelle (proportionaler Satz und fixer Satz getrennt) summiert über alle im Operationsplan vorgesehenen Positionen.

- *Standard-Einzellohnkosten:*
  Vorgabezeiten gemäss Operationsplan x Standardlohnsatz.

Eigentlich ist es in einer Kostenträgerrechnung nicht ganz richtig, von Istkosten zu sprechen. Die Leistungen der Stellen und des Lagers für einen Auftrag werden ja immer zu Plan- bzw. Standardsätzen belastet, weil die Abweichungen nicht eindeutig dem einen oder anderen Produkt zugewiesen werden können. Es sind somit standardisierte Istkosten.

Da in der Realität vieles nicht so geschieht wie geplant, treten immer wieder Mehr- oder Minderverbräuche auf. Aus Gründen wie Materialfehler, Qualitätsmängel, Fehlkonstruktionen, falschen Vorgabezeiten oder unklaren Angaben seitens des bestellenden Kunden, weichen die Istverbräuche für einen Auftrag dann vom Standard ab, was zu entsprechenden Abweichungen führen muss. Wird mehr Material verbraucht als geplant, ergibt sich, wenn der Mehrverbrauch nicht einem Fehler in einer Kostenstelle zuordenbar ist, die sogenannte (Einzel-)Materialmengenabweichung. Sie wird nach folgender Formel berechnet:

(Standardverbrauch – Istverbrauch) x Standardpreis

Eine Arbeitszeitabweichung entsteht dann, wenn entweder mehr Einzellohnstunden auf einen Auftrag belastet wurden als im Standard vorgegeben oder wenn in einer leistenden Kostenstelle die Vorgabezeiten durch nicht der Stelle, sondern dem Auftrag zuordenbare Gründe nicht eingehalten wurden. Berechnungsweise:

(Standardverbrauch – Istzeit) x Plankostensatz der Kostenstelle bzw. Standardlohnsatz

Sind die Vorgaben so definiert worden, dass sie durch genaues und richtiges Arbeiten gerade noch einhaltbar sind, zeigen die Standardkosten eines Auftrags oder Produkts an, wie diese wirtschaftlich zu fertigen gewesen wären und die Materialmengen- sowie die Arbeitszeitabweichung demzufolge, wie weit diese Wirtschaftlichkeit im einzelnen Auftrag oder in einer bestimmten Periode erreicht wurde.

## 4.5 Verkaufserfolg der Berichtsperiode

Viele der bisher dargestellten Abweichungen können – sinngemäss angepasst – auch für die Erlösseite berechnet werden und können den Zielerreichungsgrad im Verkauf anzeigen. Auch auf der Absatzseite werden ja Planpreise (Standards) und Planmengen für die einzelnen Produkte und Aufträge festgelegt, so dass im Soll-Ist-Vergleich wiederum Abweichungen zu ermitteln sind:

| | | |
|---|---|---|
| Absatzpreisabweichung | = | (Istpreis – Planpreis) x Istmenge |
| Absatzvolumenabweichung | = | (Istmenge – Planmenge) x Planpreis |
| Absatzmischungsabweichung | = | Veränderung der Anteile der Produkterlöse am Ganzen gegenüber Plan |
| Product-Mix-Abweichung | = | Summe aus Absatzvolumen- und Absatzmischungsabweichung |

Daneben können, je nach Marktbearbeitungsform verschiedene Rabatt-, Bonus- und Erlösschmälerungsabweichungen auftreten, die es zu analysieren gilt.

Das geeignete Instrument zur Analyse des Verkaufserfolgs ist die in Teil II, 2.4.3 vorgestellte Verkaufserfolgsrechnung.

Für die einzelnen Produkte werden die Spalten «Ist» und «Abweichung» dazugefügt. In die Istspalten werden diejenigen Istgrössen eingegeben, die in der Verkaufsorganisation selbst beeinflusst oder beobachtet werden können. Das sind zuerst die Absatzmengen, die Umsätze (brutto und netto) und die übrigen Erlösschmälerungen. Vom daraus entstehenden Nettoerlös werden die proportionalen Plan-Herstellkosten der effektiv verkauften Einheiten abgezogen, so dass wiederum der DB I erkennbar wird. Dieser kann zur Gänze vom Verkauf verantwortet werden, da ja keinerlei Abweichungen, die der Produktion oder der Beschaffungsseite zuzuordnen sind, in die Verkaufserfolgsrechnung weiterverrechnet werden (proportionale Plan-Herstellkosten pro Einheit).

Soweit in den Stufen der Deckungsbeitragsrechnung noch Kosten anfallen, die der Verkauf selbst beeinflussen kann, werden diese auch als Istwerte mit den entsprechenden Planfixkosten verglichen. Dies trifft im Beispiel für die Kostenträgerfixkosten der Handelsware zu und für die Kosten der Kostenstelle Verkauf (Verbrauchsabweichung). Alle anderen Fixkosten der nachfolgenden Stufen werden im Ist gleich belastet wie im Plan, da sie nicht in den Verantwortungsbereich des Verkaufs gehören.

Ringbuch AG

| | 4-Ringbücher | | | 2-Ringbücher | | | Handelsware | | | Total | | |
|---|---|---|---|---|---|---|---|---|---|---|---|---|
| | Plan | Ist | Abw. | Plan | Ist | Abw. | Plan | Ist | Abw. | Plan | Ist | Abw. |
| Verkaufsmengen | 12'000 | 12'000 | | 40'000 | 45'000 | + 5'000 | | | | | | |
| Verkaufspreis | 5.00 | 5.00 | | 4.00 | 4.00 | | | | | | | |
| Prop. Plan HK/Einheit | 1.957 | 1.957 | | 1.396 | 1.396 | | | | | | | |
| Rabatte in Prozent | 10 | 15 | – 5 | 10 | 10 | | 40 | 45 | – 5 | | | |
| Bruttoerlöse | 60'000 | 60'000 | | 160'000 | 180'000 | + 20'000 | 25'000 | 30'000 | + 5'000 | 245'000 | 270'000 | + 25'000 |
| Erlösschmälerungen | 6'000 | 9'000 | – 3'000 | 16'000 | 18'000 | – 2'000 | 10'000 | 13'500 | – 3'500 | 32'000 | 40'500 | – 8'500 |
| Nettoerlöse | 54'000 | 51'000 | – 3'000 | 144'000 | 162'000 | + 18'000 | 15'000 | 16'500 | + 1'500 | 213'000 | 229'500 | + 16'500 |
| Prop. Plankosten der Ist-Verkaufsmengen | 23'484 | 23'484 | | 55'840 | 62'820 | – 6'980 | 8'500 | 10'500 | – 2'000 | 87'824 | 96'804 | – 8'980 |
| Deckungsbeitrag I | 30'516 | 27'516 | – 3'000 | 88'160 | 99'180 | + 11'020 | 6'500 | 6'000 | – 500 | 125'176 | 132'696 | + 7'520 |
| Kostenträgerfixkosten (Ist) | | | | | | | 6'500 | 7'000 | – 500 | 6'500 | 7'000 | – 500 |
| Produkte-DB | 30'516 | 27'516 | – 3'000 | 88'160 | 99'180 | + 11'020 | – | – 1'000 | – 1'000 | 118'676 | 125'696 | + 7'020 |
| Fixkosten des Verkaufs | | | | | | | | | | 11'240 | 11'254 | – 14 |
| Verkaufs-DB | | | | | | | | | | | 114'442 | |
| Fixkosten Produktion und Verwaltung (Plan) | | | | | | | | | | | 66'102 | |
| Betr.CF vor Zinsen und Steuern | | | | | | | | | | | 48'340 | |
| Abschreibungen | | | | | | | | | | | 23'333 | |
| ROI-Ziel | | | | | | | | | | | 18'000 | |
| Verkaufserfolg Februar | | | | | | | | | | | + 7'007 | |

Abb. 68 *Verkaufserfolgsrechnung Februar*

Der resultierende Verkaufserfolg sagt somit aus, in welchem Masse es der gesamten Verkaufsorganisation gelungen ist, durch ihre Verkaufstätigkeit genügend Deckungsbeitragsvolumen zur Deckung aller geplanten fixen Kosten zu erarbeiten. Im Beispiel ist dies gut gelungen, war es doch das Ziel (vgl. Teil II, 2.4.3), einen Verkaufserfolg von +1 zu erreichen.

Das Zahlenbeispiel zeigt auch, dass die Herkunft dieser positiven Abweichung von +7'007 auf verschiedene Ursachen zurückzuführen ist:

- Schlechtere Nettoerlöse und DB I beim 4-Ringbuch durch höhere Rabatte als geplant,
- höhere Absatzmengen und dadurch höherer DB I beim 2-Ringbuch,
- «Umsatzkauf» durch zu hohe Rabattgewährung bei der Handelsware,
- höhere Produktfixkosten bei Handelsware als geplant,
- minimale Verbrauchsabweichungen in der Verkaufskostenstelle.

Mit der Verkaufserfolgsrechnung hält die Verkaufsdirektion somit ein wertvolles Instrument in Händen, das es ihr erlaubt, die wertmässigen Auswirkungen von Korrekturmassnahmen abzuschätzen oder im Ist zu erkennen.

Werden die Istdatenerfassung und die Planung in genügender Tiefe vorgenommen, lässt sich die Verkaufs-Erfolgsrechnung auch als mehrdimensionaler und mehrstufiger Soll-Ist-Vergleich entsprechend dem Beispiel in Teil II, 2.4.4 aufbauen, was für die Absatzkanal- und für die Aussendienststeuerung weitere wertvolle Erkenntnisse bringt.

## 4.6 Management-Erfolg der Berichtsperiode

In der Gesamtbetrachtung zum Soll-Ist-Vergleich soll ermittelt werden, inwiefern es dem gesamten Management gelungen ist, die angestrebten Ziele zu erreichen. Die für diese Gesamtbetrachtung benötigten Daten sind vorhanden, sie müssen nur noch richtig zusammengestellt werden.

Aus dem Standardpreissystem kann das Total der Preisabweichungen des Berichtsmonats entnommen werden (Saldoveränderung aller Preisabweichungskonten). Sinngemäss kann aus einem Standardlohnsystem die Summe aller Lohnsatzabweichungen übernommen werden. Damit werden alle der Berichtsperiode zuordenbaren Abweichungen der Beschaffungsseite abgedeckt. Als nächstes Element sind dann die Verbrauchsabweichungen der Kostenstellen zu übernehmen, die aufzeigen, ob im Vergleich zum Soll mehr oder weniger verbraucht wurde und welches die wertmässigen Konsequenzen insgesamt sind. Im Abweichungsresumé wird diese Übernahme aber gleich nach Abteilungen oder Funktionsbereichen verdichtet, indem die Verbrauchsabweichungen der einzelnen Kostenstellen bereichsweise totalisiert werden.

Von der Leistungserstellungsseite her verbleiben dann nur noch die Abweichungen, die in den Kostenträgern bzw. Aufträgen entstanden sind, also die Materialmengen- und die Arbeitszeitabweichung für Mehr- oder Minderverbräuche, die direkt den Kostenträgern zuzuordnen sind.

Alle dem Verkauf zuordenbaren Abweichungen sind in der VER berücksichtigt, sodass das in Abbildung 69 gezeigte Abweichungsresumé gebildet werden kann.

| Abteilung<br><br>Abweichung | Administration | Einkauf | Personal | Produktion | Total |
|---|---|---|---|---|---|
| Verbrauchsabweichung | + 774 | – 50 | – 150 | – 2767 | – 2193 |
| (Einkaufs-) Preisabweichung | | + 450 | | | + 450 |
| Lohnsatzabweichung | | | 0 | | 0 |
| Materialmengenabweichung | | | | – 201 | – 201 |
| Arbeitszeitabweichung | | | | 0 | 0 |
| Total | + 774 | + 400 | – 150 | – 2968 | – 1944 |

Abb. 69 *Abweichungsresumé für den Monat Februar*

Der Management-Erfolg der Periode ergibt sich nun durch Addition des Verkaufserfolgs und des Totals des Abweichungsresumés:

| | |
|---|---|
| Verkaufserfolg (Standardergebnis) | + 7007 |
| Total Abweichungsresumé | – 1944 |
| Management-Erfolg | = +5063 |

Dem Unternehmen ist es somit insgesamt gelungen, das gesteckte Ziel zu erreichen. Die Ist-Nettoerlöse reichen dazu aus,

- die geplanten proportionalen Herstellkosten aller verkauften Produkte zu decken (auch von eventuellen Lagerentnahmen bei höherer Absatz- als Produktionsmenge),
- sämtliche geplanten fixen Kosten aller Kostenstellen zu decken (sind in den Fixkostenstufen der VER eingerechnet),
- den geplanten Abschreibungsbedarf sowie den Gewinnbedarf zu erarbeiten (Ziel-Cash Flow),

- den Saldo aller Kostenüber- und -unterschreitungen gegenüber Soll abzudecken.

Da die proportionalen Kosten der abgesetzten Einheiten und die Planfixkosten über die VER eingerechnet sind und alle Abweichungen ebenfalls im Management-Erfolg berücksichtigt sind, verbleibt nur noch die Differenz zwischen hergestellten und verkauften Einheiten, die noch nicht quantifiziert ist:

- Bei Bestandszunahmen (Halb- und Fertigfabrikatelager) sind die daraus entstandenen Kosten in den Sollkosten der Fertigungsstellen bzw. in den Einzelmaterialkosten enthalten. Sie werden zu proportionalen Standard-Herstellkosten als Lagerzugänge verbucht.
- Bei Bestandsabnahmen wird der Lagerabgang automatisch in der VER zu proportionalen Standard-Herstellkosten berücksichtigt (= Position propoprtionaler Plan-HK der Istabsatzmengen).

Diese beiden Differenzen ändern aber am Management-Erfolg nichts, da sie in den obigen Zahlen schon inbegriffen sind. Nur die Lagerbestände werden angepasst.

Die ursprünglich von Deyhle konzipierte und hier dargestellte Management-Erfolgsrechnung kann unternehmensspezifisch angepasst und erweitert werden. Auch ein Ausbau zur mehrdimensionalen Soll-Ist-Vergleichs-Betrachtung (vgl. Teil II, 2.4.4) ist, wenn die Daten verfügbar sind, möglich.

Insgesamt entsteht so eine in sich geschlossene und konsistente Systematik für das ziel- und führungsorientierte betriebliche Rechnungswesen. Ausgehend vom Management-Erfolg der Berichtsperiode können rückschreitend über die verschiedenen erläuterten Auswertungen die Quellen des Erfolgs oder des Verlusts bis zu den einzelnen Belegen zurück verfolgt und analysiert werden.

## 4.7 Erwartungsrechnung

Der Soll-Ist-Vergleich soll – gemäss Zweckbestimmung – eine Veranlassung zum Nachdenken über Verbesserungs- und Steuerungsmöglichkeiten sein. Daraus leitet sich ab, dass das dargestellte Instrumentarium auch so erweiterbar sein muss, dass die mengen- und wertmässigen Konsequenzen vorgesehener Korrekturmassnahmen erfasst und zu einem erwarteten Resultat zusammengeführt werden können. Aus der Sicht der Führungskräfte ist es nicht nur von Bedeutung, die Abweichung des Ist vom Plan oder Soll feststellen und analysieren zu können, sondern auch davon ausgehend abzuschätzen, ob es bis zum Jahresende gelingen wird, das Jahresziel insgesamt zu erreichen. Dazu werden einerseits die kumulierten Istwerte seit Jahresbeginn (und der kumulierte Soll-Ist-Vergleich) benötigt und andererseits die in den verbleibenden Monaten noch zu erwartenden Resultate.

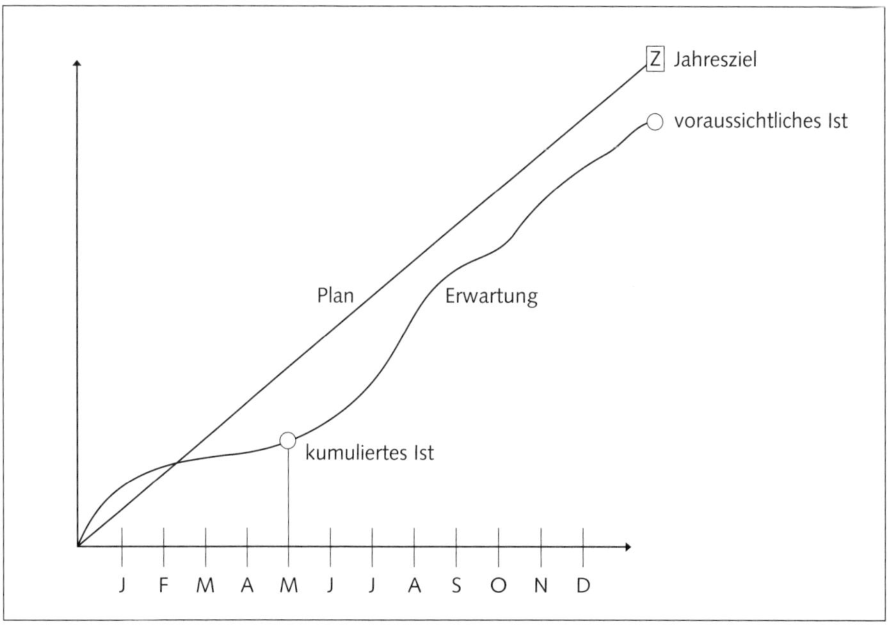


Abb. 70 *Plan, Ist und Erwartung*

Der Kostenstellenleiter überlegt sich beispielsweise, wie sich der Beschäftigungsgrad in den Folgemonaten entwickeln wird (Auftragslage, Meldungen aus dem Verkauf), und ob sich die bisher aufgetretenen Verbrauchsabweichungen wieder auflösen oder noch verstärken werden. Daraus generiert er für seinen Bereich eine Schätzung über die kumulierte Verbrauchsabweichung bis Jahresende.

Die Verkaufsverantwortlichen quantifizieren ihre Erwartungen bezüglich Entwicklung der Absatzmengen, Umsätze, Rabatte und Provisionen und fragen sich, ob sie ihre Budgets für Fixkosten der Verkaufsorganisation einhalten können, bzw. um wieviel sie davon kumuliert abweichen werden.

Diese Überlegungen werden auch von den Produktions- und den Einkaufsverantwortlichen berücksichtigt. Ihre Erwartungsrechnungen erfassen die Änderungen in den noch zu produzierenden Mengen und dem Product Mix und in den daraus zu erwartenden Korrekturen des Einkaufsbudgets. Zusätzlich muss sich der Einkäufer überlegen, für welche Rohstoffe und Hilfsmaterialien er mit höheren Preisabweichungen gegenüber Standard zu rechnen haben wird und wie sich die Summe aller Preisabweichungen entwickeln wird. Materialmengen- und Arbeitszeitabweichungen in der Produktion können Anlass sein, die Erwartungen bezüglich der Entwicklung der Einzelmaterial- und der Fertigungskosten anzupassen.

Am Beispiel der Kostenstelle Stanzerei (vgl. Abbildung 66) könnte die Erwartungsrechnung des Stellenleiters wie in der nachfolgenden Abbildung 71 gezeigt aufgebaut werden.

| Erwartung: März–Dezember | |
|---|---|
| Bisherige durchschnittliche Istbeschäftigung | 112,5 % |
| Erwartete durchschnittliche Beschäftigung (Basis: Auftragslage) | 120,0 % |
| Sollkosten Januar–Februar | 49'434 |
| Sollkosten der verbleibenden zehn Monate | 254'620 |
| (prop. Plankosten x Istbeschäftigungsgrad) + Planfixkosten) x 10 Monate | |
| (9'933 x 120 %) +13'542) x 10 | |
| kumulierte Verbrauchsabweichungen per Februar | 858 |
| Erwartete Abweichungen vom Soll bis Dezember | |
| – Überzeitzuschläge (durch Mehrarbeit) | 7'000 |
| – Sozialleistungen | 700 |
| – Werkzeugverbrauch | 600 |
| – Unterhalt und Reparaturen (über die Sollkosten hinausgehender Instandhaltungsbedarf durch höhere Leistung) | 5'000 |
| Total erwartete Abweichungen | 14'158 |
| Erwartete Istkosten der Kostenstelle bis Jahresende | 318'212 |

Abb. 71 *Erwartungsrechnung Stanzerei*

Der Controller hat dann den Auftrag, die Erwartungsrechnungen der einzelnen Bereiche zum voraussichtlichen Ist, also zum erwarteten Management-Erfolg zu konsolidieren. Dabei kann er sich der bekannten Strukturen bedienen:

- Verkaufserfolgsrechnung mit erwarteten Werten zum Jahresende.
- Abweichungsresumé mit den totalisierten erwarteten Abweichungen aus den Kostenstellen (Verbrauchsabweichungen), Kostenträgern (Materialmengen und Arbeitszeiten) sowie den Preis- und Lohnsatzabweichungen.

Wurde der Management-Erfolg mit Null geplant (wie in unserem Beispiel), zeigt das Resultat der konsolidierten Erwartungsrechnung demzufolge an, um wieviel das voraussichtliche Ist positiv oder negativ vom Plan abweichen wird. Diese Erkenntnis kann die Grundlage für die Definition weiterer Korrekturmassnahmen sein, aber auch als Input für die nächste Jahresplanung dienen.

Die Erwartungsrechnung ist somit die zukunftsorientierte Vervollständigung des Soll-Ist-Vergleichs. Für ihre Erstellung kann die Struktur der Management-Erfolgsrechnung wiederum verwendet werden. Deshalb wird die Gesamtstruktur des BRW-Systems hier nochmals als Übersicht gezeigt.

**Verkaufserfolgsrechnung**

| | Total Soll | Total Ist | Total Abw. | PG1 Soll | PG1 Ist | PG1 Abw. | PG2 Soll | PG2 Ist | PG2 Abw. | PG3 Soll | PG3 Ist | PG3 Abw. |
|---|---|---|---|---|---|---|---|---|---|---|---|---|
| Absatzmenge | | | | | | | | | | | | |
| Bruttopreis | | | | | | | | | | | | |
| Bruttoumsatz | | | | | | | | | | | | |
| Erlösschmälerungen | | | | | | | | | | | | |
| Nettoumsatz | | | | | | | | | | | | |
| Erlösabhängige Kosten | | | | | | | | | | | | |
| Nettoerlös | | | | | | | | | | | | |
| Planprop. Kosten der Istmenge | | | | | | | | | | | | |
| Deckungsbeitrag I | | | | | | | | | | | | |
| Verkaufsförderung (fix) | | | | | | | | | | | | |
| Produkte DB | | | | | | | | | | | | |
| Verkaufsfixkosten | | | | | | | | | | | | |
| Verkaufs-DB | | | | | | | | | | | | |
| Planfixkosten Verwaltung | | | | | | | | | | | | |
| Betr. CF vor Zinsen und Steuern | | | | | | | | | | | | |
| Abschreibungbedarf ROI-Ziel | | | | | | | | | | | | |
| Verkaufserfolg | | | | | | | | | | | | |

| Management-Erfolg | |
|---|---|
| Verkaufserfolg | |
| Saldo Abweichungresumé | |
| Managementerfolg – Erfolg der Periode | |

**Kalkulation**

| Produkte, resp. Produktgruppe | Artikel Nr. | Stand. Preis | | Menge | Kosten prop. | voll |
|---|---|---|---|---|---|---|
| Ersatzmaterial | | | | | | |
| Summe | | | | | | |
| Einzelmaterial | | | | | | |
| Materialgemeinkostenzuschlag | | | | | | |
| | KS-Nr. | Prop. | Fix | Zeit | | |
| Fertigungskosten | | | | | | |
| Summe | | | | | | |
| Fertigungskosten | | | | | | |
| Herstellkosten | | | | | | |
| Vertriebsgemeinkostenzuschlag | | | | | | |
| Verwaltungsgemeinkostenzuschlag | | | | | | |
| Selbstkosten | | | | | | |

**Abweichungsresumé**

| Ressort/Abteilung | Pers. | Verw. | Einkauf | Lager | F & E | Technik | Fert. | Total |
|---|---|---|---|---|---|---|---|---|
| Verbrauchsabweichung | | | | | | | | |
| Preisabweichung | | | | | | | | |
| Lohnabweichung | | | | | | | | |
| Materialabweichung | | | | | | | | |
| Arbeitszeitabweichung | | | | | | | | |
| Total | | | | | | | | |
| Abstimmbrücke | | | | | | | | |
| Abschreibung | | | | | | | | |
| ROI-Ziel | | | | | | | | |
| Übrige Andersbewertungen | | | | | | | | |
| Bilanzergebnis | | | | | | | | |

Administrative und allgemeine Stellen

| Kostenarten | Soll | Ist | Abw. |
|---|---|---|---|
| | | | |

Fertigungsstellen

Planbeschäftigung:

Istbeschäftigung:

| Kostenarten | Soll | Ist | Abw. |
|---|---|---|---|
| | | | |
| Beeinfl. Kosten | | | |
| | | | |
| Kalk. Kosten | | | |
| Kostensumme | | | |
| Kostensätze | | | |

| | | |
|---|---|---|
| Gewinnbed.-budget | | immer gemäss Plan |
| Abschreib.-bedarf | | |

Fertigungshilfs- und Leitungsstellen

Beschäftigung:

| Kostenarten | Soll | Ist | Abw. |
|---|---|---|---|
| Beeinfl. Kosten | | | |
| | | | |
| Kalk. Kosten | | | |
| Kostensumme | | | |
| Kostensätze | | | |

Projektbudgets

| Projekte | Soll | Ist | Abw. |
|---|---|---|---|
| F & E 1, 2, 3<br>Marktentwicklung | | | |

Abb. 72 *Die Teilmodule der Management-Erfolgsrechnung*

# 5 Schlusswort

Mit diesem Buch sollte gezeigt werden, wie Rechnungswesen für die Unternehmensführung aufgebaut und betrieben werden kann. Wir haben uns auf die Erklärung dessen konzentriert, was im anglosächsischen Sprachraum als *Management Accounting* bezeichnet wird. Viele Detailfragen konnten dabei nicht behandelt oder nur angeschnitten werden. Die einfachen Beispiele ermöglichten es aber dennoch, die Instrumente, Verfahren und Fragestellungen darzustellen und die Beziehungen zwischen den verschiedenen Rechnungswesengebieten und zum Geschehen im Unternehmen zu verdeutlichen. Die aufgezeigte Systematik hat sich in der Praxis schon vielfach bewährt. Dies liegt unseres Erachtens daran, dass sie in sich konsistent und ausbaufähig ist. Anpassungen an die speziellen Bedürfnisse des einzelnen Unternehmens sind immer möglich.

Rechnungswesen besteht – wie die Ausführungen zeigen – in erster Linie aus der Erfassung von Beständen und Bewegungen. In zweiter Linie sind Bewertungen vorzunehmen und Auswertungen zu erstellen.

Die *Erfassung* der Bestände und Bewegungen basiert auf dem Verständnis von:

- Buchführungstechnik
- Buchführungsorganisation
- Funktionsweise des Unternehmens
- Planung und Planungsprozess
- Datenherkunft und benötigter Datenqualität.

Die *Bewertung* der Bestände und Bewegungen ist vom Zweck abhängig, der mit den nachfolgenden Auswertungen erfüllt werden soll:

- Extern orientierte Auswertungen sind geleitet von Aspekten wie Bilanzvorsicht, -wahrheit und -klarheit und haben bei der Bewertung gesetzliche Vorschriften zu berücksichtigen.
- Intern orientierte Auswertungen sind die wichtigsten, da sie den Führungskräften helfen sollen, sich ein möglichst gutes Bild über die Situation und die Entwicklung des Unternehmens zu machen und für die Zukunft die richtigen Entscheidungen zu treffen. Die Bewertung der Bewegungen richtet sich nur nach den Zwecken der Auswertungen.

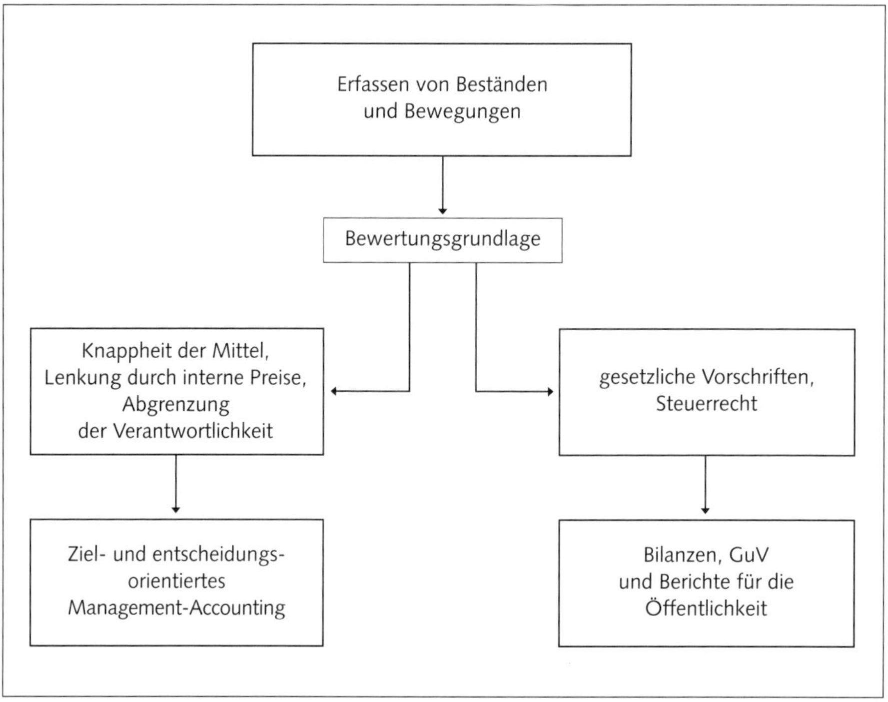


Abb. 73 *Bestände, Bewegungen und Bewertungsgrundlagen*

Die Auswertungen selbst können nur so gut sein, wie die Datenbasis und die Instrumente, aus denen sie hervorgehen. Je nach der Fragestellung, die die eine oder andere Führungskraft zu beantworten hat, sind andere Auswertungen angebracht.

Gute Organisation des Rechnungswesens und der vorgelagerten Systeme bilden damit die beste Voraussetzung, dass alle Daten nur einmal erfasst werden müssen und die führungsrelevanten und publizitätsorientierten Auswertungen aus der gleichen Grundlage gewonnen werden können.

# Anhang

# Literaturhinweise

Baumgartner, B.: *Die Controller-Konzeption. Schriftenreihe des Instituts für Betriebswirtschaftliche Forschung an der Universität Zürich*, Band 35, Bern, Stuttgart 1980 (gute Übersicht über die verschiedenen Aspekte des Controlling).

Blazek, A.: *Projekt-Controlling. Management Pockets* 6, Gauting 1983 (Einführung in die Instrumente des Projekt-Controlling).

Deyhle, A.: *Controller-Praxis*, Band (CP I + II), *Management-Pockets 1 und 2*, 15. Aufl., Gauting 2003 (Controller-Verständnis und Controlling-Instrumente).

Gretz, W.: *Die kurzfristige Ergebnisrechnung mit dem höchsten Aussagewert*, 1. Aufl., Kissing 1980 (gute Anwendungsbeispiele).

Helbling, C.: *Bilanz- und Erfolgsanalyse*, 9. Aufl., Bern 1999 (viele Beispiele zur Durchführung von Bilanz- und Erfolgsanalysen).

Horngren, CH. T. / Foster, G. / Datar, S.: *Cost Accounting, a Managerial Emphasis*, 11th edition, Englewood Cliffs 2002 (Übersicht über das amerikanische betriebliche Rechnungswesen).

Huch, B.: *Das Rechnungswesen als Grundlage der Unternehmungspolitik*, Würzburg-Wien 1975.

IGC, *Controller-Wörterbuch der IGC International Group of Controlling*, 3. Aufl., Stuttgart 2005

Jordi, H. R.: *Inflation Accounting. Schriftenreihe des betriebswirtschaftlichen Instituts an der Universität Basel*, Band 6, Bern und Stuttgart 1980 (umfassende Darstellung der Methoden des Inflation Accounting).

Käfer, K.: *Standardkostenrechnung*, 2. Aufl., Zürich 1964 (Standardwerk).

Kilger, W. / Pampel, J. / Vikas K.: *Flexible Plankostenrechnung und Deckungsbeitragsrechnung*, 11. Aufl., Wiesbaden, 2002.

Kunz, B.: *Kostenplanung und Kostenkontrolle in der Unternehmungsführung*, Bern und Stuttgart 1978 (detaillierte Erklärung der Kostenrechnungsansätze).

Siegwart, H.: *Kennzahlen für die Unternehmungsführung*, Bern / Stuttgart 2003, 6., aktualisierte Auflage (Darstellung verschiedenster Kennzahlensysteme).

Soom, E.: *Integrierte Produktionsplanung und -steuerung. Blaue TR-Reihe*, Heft 112, Bern 1974 (beispielhafte Erklärung der Produktionsplanung).

Stähelin, E.: *Investitionsrechnung*, 9. Aufl., Grüsch 1998 (Einführung in die Methodik der Investitionsrechnung).

Ulrich, H. / Krieg. W.: *St. Galler Management-Modell*, 3. Aufl., St. Gallen 1974 (zum Verständnis des ganzheitlichen Management).

Ulrich, H.: *Unternehmungspolitik*, 2. Aufl., Bern 1987 (Gestaltung der Unternehmungspolitik).

Viel, J. / Bredt, O. / Renard, M.: *Die Bewertung von Unternehmungen und Unternehmungsanteilen*, 5., neu bearbeitete und erweiterte Aufl., Zürich 1975 (Standardwerk).

# Sachregister

## Z

Lukas Rieder

## Kosten-/Leistungsrechnung für die Verwaltung

Public Management

VIII + 339 Seiten, 75 Abbildungen, gebunden
CHF 84.–/EUR 56.–
ISBN 3-258-06788-0

Leistungsaufträge und Globalkredite verschaffen den öffentlichen Verwaltungen mehr Freiraum zur Erfüllung ihrer Aufgaben. Im Gegenzug können sich die politischen Gremien vermehrt auf die Wirkung der von Verwaltungen erbrachten Leistungen konzentrieren. Voraussetzung für diesen Wandel ist, dass der Leistungsbezug möglichst vollständig erfolgt und die von der Verwaltung zu erbringenden Leistungen präzise geplant werden. Budgets sollen also neu auf einer Leistungsplanung beruhen. Statt am Input und an den zur Verfügung stehenden Mitteln orientieren sich Verwaltungen neu am Output und an der Frage, welche Produkte und Leistungen sie erbringen sollen und wie viel diese Pakete kosten dürfen. Das Instrument zur Realisierung dieser durchgehenden Outputorientierung ist die Kosten-/Leistungsrechnung. Lukas Rieders Buch zeigt an einem konkreten Beispiel Schritt für Schritt, wie eine verantwortungs- und entscheidungsgerechte Kosten-/Leistungsrechnung für die Verwaltung konzipiert und realisiert werden kann. Ausgehend von den Zwecken der Kostenrechnung in der Verwaltung werden die theoretischen Grundlagen erarbeitet, anschließend wird ihre praktische Umsetzung geschildert.

Das Handbuch zeigt auch, wie die Verbindung und Integration mit den bisher üblichen Methoden der Buchführung in der öffentlichen Verwaltung (Harmonisiertes Rechnungsmodell) geschaffen werden kann. Das komplette Beispiel steht auch als Excel-Modell auf einer beigelegten CD zur Verfügung, so dass mit den Umsetzungsarbeiten für die eigene Verwaltungseinheit umgehend begonnen werden kann, sobald die konzeptionellen Fragen geklärt sind.

Hans Siegwart

## Kennzahlen für die Unternehmensführung

6., aktualisierte und erweiterte Auflage 2003
XIV + 158 Seiten, 36 Abb., 6 Tab., kartoniert
CHF 38.– / EUR 24.90
ISBN 3-258-06561-6

Kennzahlen sind für die Führung einer Unternehmung unentbehrlich. Die Verwendung von Kennzahlen als Führungsinformationen ist in der Praxis schon lange geläufig. Auch die Literatur setzt sich mit den Kennzahlen auseinander, wie eine kaum mehr überblickbare Fülle von Veröffentlichungen beweist. Es ist nicht das Ziel dieser Arbeit, den Hunderten von bereits publizierten Kennzahlen ein weiteres Dutzend beizufügen. Vielmehr sollen, aufbauend auf den Grundlagen und Definitionen, aus der Menge aller denkbaren Kennzahlen jene ausgewählt und betriebswirtschaftlich analysiert werden, die für die oberste Leitung einer Unternehmung von Nutzen sind. Mit der Darstellung des Zusammenwirkens von Planung und Kennzahlen wird einem weiteren, bisher in der Literatur nicht beachteten Anliegen Rechnung getragen.

Zielsetzung dieses nunmehr in sechster Auflage vorliegenden Standardwerkes ist es, insbesondere die Führungskräfte bezüglich der Verwendung jener Kennzahlen anzusprechen, die für eine erfolgreiche finanzwirtschaftliche Führung der Unternehmung entscheidende Bedeutung haben. Sodann richtet sich die Arbeit als Lehrbuch auch an den Studenten der Betriebswirtschaft. Der Einbezug von Kennzahlen in die betriebswirtschaftliche Ausbildung und die Vermittlung von Wissen über den Aussagewert von Kennzahlen sind für die spätere Berufsausübung höchst bedeutsam.

**: Haupt**

**Haupt Verlag** Bern · Stuttgart · Wien
Falkenplatz 14, 3001 Bern
Telefon 031 309 09 00 Fax 031 309 09 90
verlag@haupt.ch www.haupt.ch